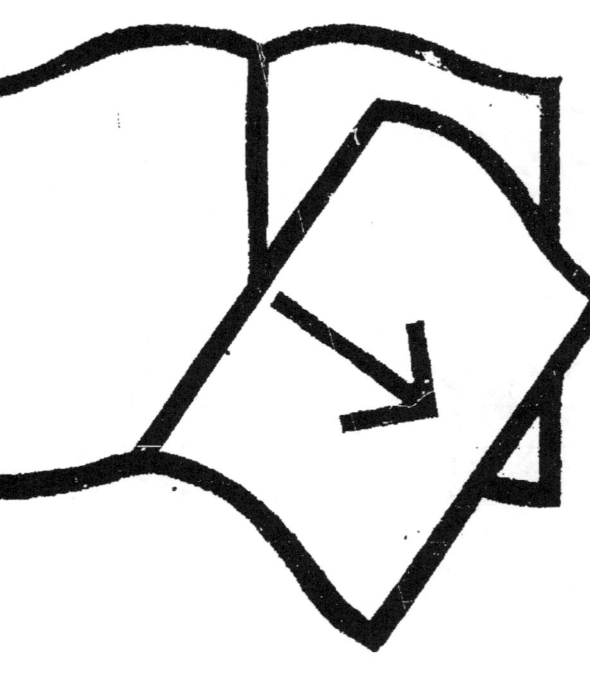

Couverture inférieure manquante

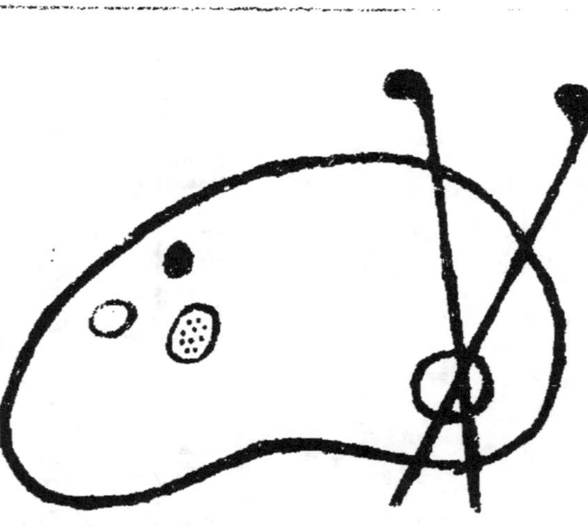

Début d'une série de documents
en couleur

AF232426

Louis DUVAL

SOUVENIRS

DE

TREIZE-SAINTS et de BATILLY

Canton d'Ecouché (Orne)

Extrait du *Bulletin de la Société Historique et Archéologique de l'Orne*.

8°Z
9953 (22)

ALENÇON

TYPOGRAPHIE-LITHOGRAPHIE LECOQ ET MATHOREL

1904

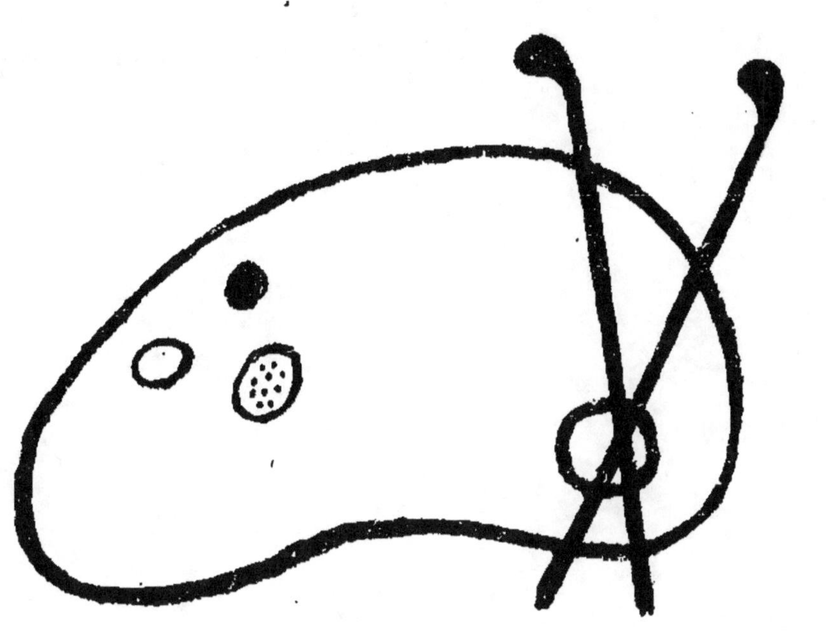

Fin d'une série de documents
en couleur

À M Léopold Delisle
Respectueux hommage
Louis Deba[illegible]

Louis DUVAL

SOUVENIRS

DE

TREIZE-SAINTS et de BATILLY

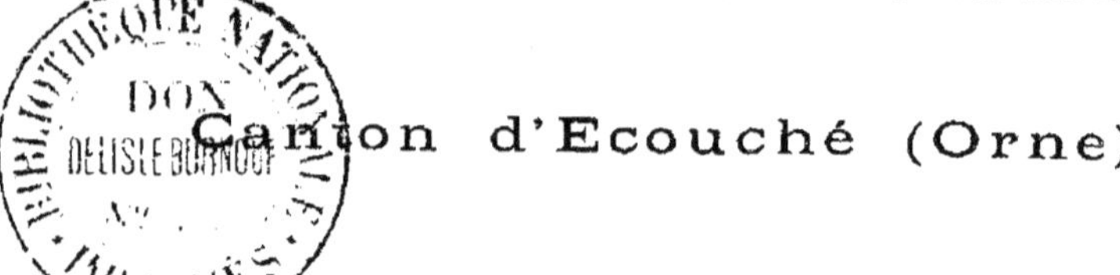

Canton d'Ecouché (Orne)

Extrait du *Bulletin de la Société Historique et Archéologique de l'Orne.*

ALENÇON

TYPOGRAPHIE-LITHOGRAPHIE LECOQ ET MATHOREL

1904

SOUVENIRS

DE

TREIZE-SAINTS & DE BATILLY

Canton d'Écouché (Orne)

Les LE VERRIER. — Les DE GAUTIER
La Dame de TILLY et le Curé de BATILLY

Par Louis DUVAL

Archiviste départemental de l'Orne.

Ce n'est pas sans éprouver un sentiment pénible qu'à plusieurs reprises j'ai tenté d'écrire l'histoire de quelques-unes des communes rurales de l'Orne (1). A chaque pas, dans certains cantons, on rencontre des villages, jadis populeux, décimés ou détruits, des paroisses disparues. En maint endroit l'ancienne église provinciale n'est plus qu'une ruine, lorsqu'on ne l'a pas démolie pour en utiliser les matériaux. Les cimetières (2) où dor-

---

(1) J'avais annoncé, il y a une douzaine d'années, l'intention de publier une description des paroisses du pays du Houlme, ou Pays-Bas, faisant partie de la subdélégation de la Ferté-Macé et de l'élection de Falaise avant la Révolution. Quelques souscriptions sont même parvenues à la librairie Loyer-Fontaine, à Alençon. Le courage m'a fait défaut pour poursuivre ce travail plus encore que le temps et les moyens matériels. Le cadre était d'ailleurs trop vaste. Des travailleurs mieux inspirés, notamment MM. Gourdel et Alfred Lemaître, nous ont donné depuis de bonnes notices sur Briouze et ses environs.

(2) L'émotion religieuse et mélancolique, *lacrimæ rerum*, qu'on éprouve en présence du cimetière abandonné, du culte aboli, de l'église en ruine, où l'art et la beauté pittoresque sont rarement absents, a été traduite avec bonheur, par la poésie et par le crayon, dans la plaquette publiée par le comte G. de Contades sous ce titre : *La Chaux. Notes et Souvenirs*, Paris, H. Champion, 1888, grand in-8°, 55 p., 7 dessins lithographiques, par MM. Florentin Loriot et Wilfrid Challemel. — Nous regrettons de ne pouvoir citer ici les poésies dont MM. Loriot et Challemel ont enrichi ce remarquable opuscule, d'autant plus que les Le Verrier, seigneurs de la Chaux, ont, pendant près de deux siècles, possédé Treize-Saints.

ment les générations éteintes ont été convertis en jardins et ces lieux doublement consacrés, par la religion et par la mort, sont devenus des propriétés particulières dont les limites, souvent incertaines, sont un sujet de litiges fréquents entre leurs nouveaux possesseurs.

Le fléau de la dépopulation a sévi avec une intensité remarquable et progressive sur trois de nos arrondissements. Celui de Domfront, au contraire, par une heureuse exception, non seulement n'a pas perdu une seule de ses anciennes paroisses, mais s'est accru de trois nouvelles communes, Saint-Paul, près Flers, Juvigny-sous-Andaines et Perrou. Une quatrième et une cinquième communes, Bagnoles et Pont-Erambourg, sont même, à l'heure qu'il est, en instance pour obtenir l'autorisation de se constituer en groupes distincts.

Les moins rudement atteints sont les arrondissements de Mortagne et d'Alençon, qui n'ont perdu depuis 1800, l'un que dix-sept communes, l'autre que dix-neuf. Dans l'arrondissement d'Argentan, on constate une dépopulation telle qu'il a fallu y prononcer la suppression de soixante-dix municipalités ; souvent même on a été obligé de réunir en une seule trois et même quatre communes. C'est ce qui a eu lieu pour la commune de Mortrée, qui renferme dans son territoire les anciennes paroisses de Brai, O et Marigny, supprimées par la loi du 24 juillet 1794 (6 thermidor an II).

I

TREIZE-SAINTS

ÉTYMOLOGIE, MOUVANCE FÉODALE, PATRONAGE, PREMIERS
SEIGNEURS

Batilly est dans le même cas, avec ses trois municipalités de Treize-Saints, Bernay et Ménilglaise, épargnées par la Révolution et supprimées en 1822 et en 1839. Mais de ces quatre paroisses la seule qui, à l'époque féodale, eût une réelle importance était celle de Treize-Saints.

L'étymologie de ce nom appelle tout d'abord l'attention. Voici ce qu'en a dit M. Alfred de Caix dans sa remarquable *Histoire du bourg d'Écouché :*

« Nous avons souvent entendu les étymologistes s'escrimer pour donner une signification à ce nom bizarre de Treize-Saints. Nous croyons que ce nom est altéré ; une charte de 1265 désigne cette paroisse sous celui de *Tiersaint*. »

Nous n'avons pu malheureusement vérifier cette citation, car les Archives de l'Orne ne possèdent qu'une traduction de cette charte, faite au XVIIe siècle (1). Dans le même fonds, d'ailleurs, se trouve une copie d'une autre charte de 1239, dans laquelle est mentionnée la paroisse de Treze-Saints et non de *Tiersaint*. L'authenticité de cette dernière forme paraît toutefois pouvoir être admise provisoirement, étant donnée l'exactitude avec laquelle M. Alfred de Caix faisait ses extraits. Dans cette hypothèse, il peut y avoir intérêt à rapprocher Tiersaint des formes analogues que l'on rencontre dans un certain nombre de noms de lieux : Tiercé (Maine-et-Loire et Charente), Tiercelieux (Seine-et-Marne), Tiercent (Ille-et-Vilaine), Tierceville (Calvados), Tiersanville (Seine-et-Marne).

C'est en vain, d'ailleurs, que l'on chercherait Treize-Saints dans les Dictionnaires géographiques modernes et même dans le *Dictionnaire des Postes*, de sorte que, s'il est permis de rapprocher les grandes choses des petites, l'on peut lui appliquer ce que Lucain a dit des ruines de Troie, dont la découverte était réservée au XIXe siècle (2)

Mais s'il est muet sur Treize-Saints, le *Dictionnaire des Postes* nous fournit plusieurs variantes de ce nom : Tressaint (3), Tressant (4), Tressan (5), qui se rencontrent dans les Côtes-du-Nord, dans le Morbihan et dans l'Hérault. Le *Dictionnaire topographique de la Moselle* nous fournit Tressanges, qui s'est écrit *Trissinge* au Xe siècle, *Tresseng* en 1178 et *Triescinges* en 1297. On trouve enfin, dans Seine-et-Oise, Tressancourt (6).

(1) *Archives départementales de l'Orne*, H. 199.
(2)   ..... *Tota tegantur*
       Pergama dumetis ; etiam periere ruinæ.
                                    PHARSALE, IX, 968, 969.
(3) Tressaint, canton et arrondissement de Dinan.
(4) Tressant, ancienne seigneurie, commune de la Trinité-Porhoël de Ploërmel.
(5) Tressan, canton de Gignac, arrondissement de Lodève.
(6) Tressancourt, commune d'Orgeval, canton de Poissy.

C'en est assez pour prouver que les formes étranges de *Tre-decim sancti* (1), *Segmina* ou *Sagimina*, imaginées par les clercs de l'officialité de Sées pour donner une apparence latine à un nom intraduisible, ne sont pas autre chose que de véritables calembours, comme *Centum nuces*, pour Sannois, *Saint-Eny* (Manche), pour Sainteny, etc.

Au point de vue féodal, Treize-Saints était un tiers de fief de chevalier, tenu de la baronnie de Cuy et mentionné dans le terrier dressé en 1380. Dans les aveux rendus au baron de Cuy, en 1596 et en 1660, il est dit que le seigneur de Treize-Saints est tenu envers lui aux reliefs, treizièmes, aides féaux et coutumiers. Cette seigneurie consistait en un manoir et une ancienne motte, une prison, un colombier, jardins, plants, moulin à blé, étang, pêcheries, prairies, terres labourables, bois, bruyères communes, garennes, rentes en grains, œufs, oiseaux, corvées et services, selon l'usage de la seigneurie, droit de patronage alternatif. Le baron de Cuy nommait deux fois de suite à la cure et le seigneur de Treize-Saints nommait la troisième fois.

La paroisse de Notre-Dame de Treize-Saints, de même que celles de Saint-Martin de Batilly, de Notre-Dame de Bernai et de Notre-Dame de Ménilglaise, faisait partie du doyenné d'Annebec et de l'archidiaconé du Houlme. Mais tandis que Treize-Saints et Ménilglaise dépendaient de la vicomté d'Argentan et du bailliage d'Alençon, Batilly et Bernay étaient du ressort de la vicomté de Falaise et du bailliage de Caen.

Ces petites paroisses, dont trois disparues, ont-elles une histoire ? Non, puisque leur nom apparaît seulement dans quelques rares documents du moyen âge, à travers lesquels on peut à peine retrouver quelques débris de leurs annales. Elles ont eu une existence indépendante, cependant, et même une certaine importance comme population, puisqu'elles ont eu, pendant des siècles, leurs églises et leurs administrations paroissiales distinctes. Tout semble indiquer qu'avant la guerre de Cent Ans nos campagnes ont traversé, pendant plus d'un siècle et demi environ, une période de paix et de prospérité durant laquelle la culture

(1) En 1454, Johannes Josselin, de *Tredecim sanctis*, reçut la tonsure des mains de Jean de Pérusse d'Escars, appelé mal à propos Jean de Pérouse, évêque de Sées (Registre de l'Officialité, G. 1).

a fait des progrès et la population s'est accrue (1). L'âge précédent, au contraire, avait été constamment troublé par les guerres féodales.

Vers la fin du XIᵉ siècle, la construction de la forteresse de Château-Gontier (*Castellum Gunterii*), par Robert de Bellême, qui voulait, par là, étendre sa domination sur tout le pays du Houlme, avait eu pour conséquence d'exposer les environs aux déprédations des gens de guerre (2). Or Château-Gontier, enfermé dans une presqu'île formée par les sinuosités de l'Orne, sur le territoire de la Courbe (*Curba*) qui tire son nom de sa configuration capricieuse, n'étant qu'à quatre ou cinq kilomètres de Treize-Saints et de Bernay, ces paroisses ne durent pas être à l'abri des ravages des armées qui, à maintes reprises, se disputèrent cette place dont les ruines attestent encore l'importance (3).

Guillaume, comte de Ponthieu, ne fut guère moins funeste à ce pays que Robert de Bellême lui-même. Ayant pris parti pour Geoffroy Plantagenet, comte d'Anjou, il attira sur le Houlme les hordes dévastatrices qui, sous le nom de Guiribecs, furent la terreur du pays. Ayant passé la Sarthe, le 21 septembre 1136, ils se dirigèrent sur Carrouges, dont ils s'emparèrent, malgré la résistance du chevalier Gautier, et se dirigèrent sur Écouché. Les habitants, après avoir enlevé ce qu'ils avaient de plus précieux, mirent courageusement le feu à leur bourg, afin de priver l'ennemi des ressources qu'il aurait pu y trouver encore. Ces bandes se dirigèrent ensuite sur Montreuil-au-Houlme et sur Moutiers-Hubert, pour traverser l'Orne (4). Il n'est pas dou-

---

(1) Léopold Delisle. *Etudes sur la condition de la classe agricole et l'état de l'agriculture en Normandie au moyen âge.*

(2) Orderic Vital. *Historia ecclesiastica*, t. III, p. 358 ; t. IV, pp. 172-182.

(3) La forteresse de Château-Gontier, qui remonte certainement beaucoup plus haut que le XIᵉ siècle et qui a été mentionnée dans le *Dictionnaire archéologique de la Gaule* (t. I, p. 315), a été l'objet d'études nombreuses. M. Ferdinand Prévost, général du génie, l'a décrite dans son ouvrage intitulé : *Mémoire sur les anciennes constructions militaires, connues sous le nom de forts vitrifiés.* Saumur, 1863. — M. Alfred de Caix a publié à cette occasion : *Observations sur l'ouvrage de M. F. Prévost, relatif aux forts vitrifiés.* Argentan, Barbier, 1863. — J'ai publié moi-même, dans l'*Avenir de l'Orne,* une étude sur le même sujet, dont il y a eu un tirage à part.

(4) Orderic Vital. *Ibid.*, t. V, p. 67 et suiv. — Alfred de Caix. *Histoire du bourg d'Ecouché*, p. 9 et 10.

teux que partout leur passage fut marqué par des ruines et par le pillage.

La conquête de la Normandie par Philippe-Auguste, loin d'entraîner les mêmes désordres, eut pour conséquence de faire cesser l'anarchie qui avait marqué le règne de Jean sans Terre. Le pays put respirer, dès lors; la sécurité des personnes, le respect des propriétés furent assurés, jusqu'à la fatale guerre de Cent Ans qui rouvrit l'ère des calamités. On voit par les comptes de Thomas du Vivier, receveur de la terre et ville de Cuy, de 1364 à 1367, que la plus grande partie des rentes en blé dues au seigneur « ne purent estre recouvrez, pour le temps de lors, sur les pouvres gens qui les doivent jusques à l'an mil CCC LVII après enssuivant... pour la doubte des Englès et Compaignies qui estoient sur le pais et qui prindrent chasteau de Vire et Chasteau-Gontier et destourbé à vendre avec les autres grains qui estoient en ladite ville de Falaise par le capitaine et gens d'armes qui estoient en ladite ville de Falaise, pour ce qu'ils se doubtaient de siège et de deffence de vivre, ne lessoient partir ne vendre point de blez de la dicte ville (1). »

Dans le même registre, année 1370, qui contient les comptes de Gervese Sadaire, commis par Jehan de Neufville, sergent et commissaire du Roi, prévôt et receveur de la terre de Cuy, nous lisons :

« Item, pour deniers poiez audit Neufville, en 1 cheval roux que je luy baillez et vendi à Cuy, le XXII⁰, jour d'aoust l'an mil CCC LXX, quant il fut deschevauchié (2) et pillié à Escouchié des Englois de Saint Sauveur le Vicomte et des Navarois de Trinchebray (3) qui robèrent (4) et pillèrent la dite ville d'Escouchié et menèrent et prindrent les gens à ransson, et icelluy de Neufville s'en retourna tout de pié à Cuy, après ce que il avoit esté deschevauchié. Pour ce, VIII livres tournois (5). »

Ce fut bien pis lorsque les Anglais, après la défaite d'Azin-

(1) *Archives de l'Orne*, série E, Baronnie de Cuy. Registre des comptes f⁰ 22.

(2) *Deschevauchié*, démonté, désarçonné.

(3) Il n'est pas question de cette occupation de Tinchebray par les Navarrais, dans *Tinchebray et sa région, au Bocage normand*, par M. l'abbé Dumaine, 3 vol. in-8°.

(4) *Rober*, voler.

(5) *Ibid.*, f⁰ 34.

court, purent se rendre maîtres successivement de toutes les places de la Normandie. Les pauvres habitants de la paroisse de Notre-Dame de Treize-Saints furent heureux d'obtenir du roi d'Angleterre, dès le 21 septembre 1417, des lettres de protection datées de Caen. Quel rôle put jouer, dans ces terribles circonstances, le petit seigneur de Treize-Saints? Se fit-il tuer à Azincourt, à côté de Jean Ier, duc d'Alençon, surnommé le Sage? Etait-il à Verneuil en 1422, avec le jeune duc Jean II, surnommé le Beau, dans ce rude combat où tomba glorieusement Robert de Carrouges et où le borgne Blosset et le bâtard d'Alençon furent blessés et faits prisonniers? Nous l'ignorons. On ne trouve pas son nom à côté des chevaliers et écuyers de la garnison de Sées qui, le 9 octobre 1417, par lettres du roi d'Angleterre, datées du château royal d'Argentan, avaient obtenu des sauf-conduits pour se retirer auprès du roi de France, leur légitime souverain, avec leurs domestiques, leurs meubles, leurs chevaux et leurs harnais : Jean de Beaurepaire, dont le fief était sur la paroisse de Loucé, Jean de La Lande, Guillaume de Cobar, seigneur de Loucé et de Vigneral, Fralin de La Motte, Olivier Malveisin, de Joué-du Plain (1).

Le plus ancien seigneur de Treize-Saints, dont le nom nous soit parvenu, est Jean Jolis, écuyer, qui vivait à la fin du XVe siècle (2). Il est à noter que, dès l'an 1405 (3), on trouve un Jean Jolis, sénéchal de la baronnie de Cuy, mais sans autre qualification. Son nom apparaît, avec celui des deux premiers curés de la paroisse de Treize-Saints, dans une sentence qui fut rendue aux assises d'Argentan, par Hector de Joué, lieutenant général du bailli d'Alençon. Il y est dit que Me Guillaume Piquelin, prêtre, avait été nommé curé de Treize-Saints, de même que son prédécesseur, par noble et puissant seigneur Jehan d'Harcourt, baron de Bonnétable, de Tilly, de Lougé et

---

(1) *Mémoires de la Société des Antiquaires de Normandie*, in-4°, t. XV, p. 226, 276, 278 *(Rotuli Normanniæ)*.

(2) *Ibid.*, V. A. de Caix, p. 12.

(3) Le 9 février 1405 *(n. s.)*, Thomas Duval, dit Le Couturier, et Macée, sa femme, s'obligèrent à payer à messire Philippe d'Harcourt, seigneur de Cuy, pour être quittes du service de mesnagiers, une rente perpétuelle de 20 sous tournois, à cause de certains héritages qu'ils tenaient de lui, à Joué-du-Plain, pour lesquels Jehan Jolis, sénéchal de la baronnie de Cuy, avait réclamé d'eux ledit service, sur quoi ils avaient pris doléances contre lui *(Archives de l'Orne*, Fonds de Cuy).

de Cuy, et que par conséquent le droit de présentation alterna-
tive appartenait alors au seigneur de Treize-Saints, Jean Jolis,
écuyer. Nicolas de Harcourt, fils de Jean, et son prédécesseur,
comme baron de Cuy et de Barou, archidiacre et trésorier de
l'église de Lisieux, n'en tint pas compte et s'empressa de présenter à l'évêque de Sées et à ses vicaires généraux, Mᵉ Robert
Le Grix, prêtre. Aussitôt après, Jean Jolis présenta, de son côté,
Mᵉ Gieffroy des Buaz, qui fut refusé par les vicaires généraux (1).
Il obtint alors un bref de patronage d'église à l'égard du baron
de Cuy. Le procès fut terminé par le jugement d'arbitres, accepté
par les parties, à savoir « honnêtes hommes et saiges Jehan
Droullin, escuyer, sieur de Fleuriel, et Jehan Bernard, sieur de
Courmesnil, leurs conseuls », en conformité de laquelle fut
rendue, le 19 août 1498, la sentence du lieutenant général du
bailli, qui mit Mᵉ Gieffroy des Buaz en possession de la cure de
Treize-Saints (2).

Mᵉ Gieffroy des Buaz, nommé curé de Treize-Saints en 1498,
appartenait à une famille originaire du lieu des Buaz ou Buards,
paroisse de Saint-Martin-l'Aiguillon, dont un membre, Robert
des Buaz, écuyer, prend les titres de sieur de Cossesseville et de
Treize-Saints (3), dans son contrat de mariage, en date du

---

(1) D'après le *Pouillé du diocèse de Sées*, rédigé par P. Savary, Gieffroy
des Buaz fut nommé à la cure de Treize-Saints, par collation en date du
25 juin 1451.

(2) *Archives de l'Orne*, série B, baronnie de Cuy, fief de Treize-Saints.
Le nom de Jean Jolis, seigneur de Treize-Saints, est rappelé dans un aveu
et dénombrement du comté de Montgommery, rendu par Nicolas-François,
comte de Montgommery, reçu par la Chambre des Comptes de Rouen le
27 juillet 1708, à l'article des fiefs dépendant de la baronnie de Cuy.
« *Item*, Jean Le Verrier, escuier, en tient un fief nommé Treize-Saints,
qui fut anciennement à Jean Jolis. » (*Annuaire de l'Orne*, 1878) partie
historique, p. 11.
Dans les *Rôles normands et français et autres pièces tirées des Archives
de Londres*, par Bréguigny, nᵒ 1190, on voit figurer Jean Jolis, précédem-
ment bourgeois d'Argentan, rebelle au roi d'Angleterre, dont les biens
furent confisqués par mandement du 10 mai 1418, au profit de Gautier
Mote, écuyer au service du roi d'Angleterre (*Mémoires de la Société des
Antiquaires de Normandie*, 3ᵉ série, t. III, p. 210).

(3) Armes de la famille des Buards, sieurs de Cossesseville, élection de
Falaise : « *Coupé d'or et de sable, en chef deux hermines séparées d'une
quintefeuille de sable et en pointe une hermine avec un croissant d'or au-
dessus de l'hermine.* » (*Recherches de la noblesse de la généralité d'Alençon*, par Bernard de Marle, intendant, en 1666. *Annuaire de l'Orne*, 1866,
p. 273). — *V.* sur cette famille : *Généalogie de toutes les branches de la
maison des Buaz*, par Henri Le Court. Lisieux, Lerebours, 1886, in-4ᵒ. —
M. Le Court blasonne en termes différents les armes de cette branche (p. 11).

4 septembre 1514, avec Catherine Mallard, fille de Guillaume Mallard, écuyer, licencié ès lois, sieur de Mahéru, vicomte d'Argentan et d'Exmes, vivant en 1507, et de Jeanne de Drosay.

II

Les Le Verrier

La terre de Treize-Saints ne tarda pas à passer aux Le Verrier, une des familles les plus anciennes du Houlme qui, d'après M. Victor des Diguères, tire évidemment son nom de la profession primitive de ses ancêtres. On cite un Raoul Le Verrier, vivant en 1259 (1). En 1291, Robert Le Verrier et Marie, sa femme, vendirent à l'abbaye de Silly un emplacement qu'ils possédaient à Exmes (2). Un siècle plus tard, de 1389 à 1403, Richard Le Verrier fut vicomte d'Alençon (3).

En 1523, Robert des Buaz étant mort, les enfants de Guyon Le Verrier, écuyer, sieur du Champ-de-la-Pierre, lui succédèrent en la propriété des sieuries de Cossesseville et de Treize-Saints, et celui-ci fut mis en possession de l'usufruit. D'où tenaient-ils ces droits ? Nous l'ignorons, mais ils sont établis par un appointement, en date du 9 mai 1523, entre Guyon Le Verrier et Richard de Garancières, écuyer, sieur de La Bigotière, qui avait épousé, en secondes noces, Catherine Mallard, veuve de Robert des Buaz, relatif au douaire de cette dernière.

Très peu de temps après, Catherine Mallard était veuve pour la seconde fois, et épousait, suivant contrat du 23 avril 1524, Guyon Le Verrier, qui régla les droits respectifs de ses enfants et de sa future épouse et confirma l'appointement ci-dessus (4).

(1) *Bibliographie ornaise, canton d'Ecouché*, par MM. G. Le Vavasseur et le comte Gérard de Contades, p. XVII.

(2) *Archives de l'Orne*, H, 1520 à 1743.

(3) *Ibid.*, H., 834, 520, 2091, 1351.

(4) Mᵐᵉ de La Chaux, dans ses *Notes sur la famille Le Verrier*, dont une copie existait dans le cabinet de M. le comte G. de Contades, légué à la ville de La Ferté-Macé, rapporte que Guyon Le Verrier, écuyer, seigneur du Champ-de-la-Pierre, y demeurant, âgé de cinquante-six ans, fut témoin, le 8 novembre 1535, à la vérification de l'aveu rendu par Edmond Robillard, écuyer, de la seigneurie de Saint-Ouen-le-Brisout.

M. Jules Appert (*La Chaux, notes et souvenirs*, p. 44) cite Richard et Jean Le Verrier, seigneurs du Champ-de-la-Pierre, vivant en 1515 et 1535.

Un nouvel accord, conclu le 25 juillet 1541, ratifié aux plaids de Briouze, tenus par Jacques des Buaz, licencié ès droits, vicomte de Falaise, le 23 mai suivant, nous fait connaître qu'à cette date Catherine Mallard était morte, que Guyon Le Verrier lui avait survécu et qu'il avait eu pour fils Thomas et Charles Le Verrier, nés de son premier mariage. Par cet accord il fut convenu que Charles Le Verrier serait mis en possession des meubles, ustensiles et toutes choses existant au logis de Treize-Saints, moyennant quoi, Guyon Le Verrier demeurerait quitte de toute la jouissance et administration qu'il avait eues du bien et revenu de Catherine Mallard. Charles Le Verrier promit, en outre, à son père « de le nourrir de tel poisson tel que sera trouvé ès viviers ou estans de Treize-Saints, ou que ledit sieur du Champ-de-la-Pierre en aura la tierce partie. » Il s'engagea enfin à payer à Thomas Le Verrier, son frère, la somme de dix écus d'or, à la Guibray prochaine, pour sa part des meubles étant au lieu de Treize-Saints. Cet accord fut conclu en présence de noble homme Mre Guillaume Le Verrier, baron de Vassy, et de Jean de Chennevières.

Il résulte de cet acte que Charles Le Verrier eut pour son lot Treize-Saints. Quant à son frère, Thomas Le Verrier, il eut pour sa part le Champ-de-la-Pierre et Cossesseville. Sa fille et héritière, Françoise Le Verrier, épousa Charles de Brou, seigneur de Fourneaux, et fit entrer ces possessions dans sa famille (1).

Charles Le Verrier, à la mort de Gieffroy des Buaz, présenta, le 13 avril 1547, Jean des Chesnes à la cure de Treize-Saints, en sa qualité de seigneur patron, sans tenir compte du droit alternatif de présentation en faveur du seigneur suzerain, le baron de Cuy. Mais le même droit fut aussitôt revendiqué par Jacques Groslet, chancelier du duché d'Alençon, au nom du roi et de la reine de Navarre, comme ayant la garde noble de Louis de Coesmes, baron de Cuy, et Philippe Hamon fut présenté à la

______

(1) *Histoire de la maison d'Harcourt*, 1re partie, p. 1422. Thomas Le Verrier (ou Verrier) vivait encore en 1555, car à cette date, le 28 janvier, il vendit, avec Jean, son frère, et Robert, fils de ce dernier, de la paroisse de Ménil-Hermel, à Léonard de La Pommeraye, seigneur de La Roche, de la paroisse des Iles-Bardel, deux prés sis en ladite paroisse (*Archives de l'Orne*, H. 25). — Dans le même article se trouve une sentence de Guillaume Le Verrier, écuyer, lieutenant en la vicomté de Falaise, du 11 février 1546.

cure de Treize-Saints. Mais il ne put obtenir la jouissance de ce bénéfice, car le 13 mars 1548 (V. S.) un troisième candidat, Pierre Marlier, fut présenté par le duc et la duchesse d'Alençon, roi et reine de Navarre, et prit définitivement possession de ce bénéfice.

Charles Le Verrier vivait encore en 1576 (1). Il avait épousé Catherine Vigor, dont il eut deux fils et une fille :

1º Jacques Le Verrier, seigneur de Treize-Saints ;

2º Mathieu Le Verrier, sieur de Saint-Georges, qui, suivant contrat du 16 mai 1588, épousa Françoise des Faveris, fille de noble homme Hector des Faveris, sieur de Chiffreville ;

3º Françoise Le Verrier, mariée à noble homme Jean des Mazis, suivant contrat du 10 janvier 1598.

Jacques Le Verrier, seigneur de Treize-Saints, avait épousé en 1583, suivant contrat du 2 février, Jeanne Sebire, âgée de vingt-cinq ans, fille de feu noble homme Jean Sebire, en son vivant sieur du Mesnil-Péan, près Evreux, et de demoiselle Claude de Hallot, assistée de haut et puissant seigneur Tanneguy Le Veneur, seigneur de Carrouges, comte de Tillières, gouverneur de Normandie et de haute et puissante dame Madeleine de Pompadour, son épouse.

Jacques Le Verrier exerça le droit de patronage de la cure de Treize-Saints, deux ans après, à la mort de Pierre Marlier. Le 23 janvier 1585, il présenta comme candidat Mº Pierre Pondrehart, qui entra aussitôt en possession de ce bénéfice, sans rencontrer aucune opposition.

Jacques Le Verrier mourut en 1593. En conséquence, une assemblée de parents fut tenue le 10 septembre 1593, à laquelle assistèrent noble homme Claude de Bron, sieur des Fourneaux, chevalier de l'Ordre du Roi ; noble homme Jacques de Bron, sieur du Champ-de-la-Pierre, représenté par noble homme Marin Poulain ; Jean de Bron, sieur de Cossesseville, représenté par Robert de Lougy ; noble homme Jacques de Seurouer, sieur de la Bonnerye ; noble homme Jean de Falaise, sieur de Bernay ; noble homme Jean de la Lande, sieur d'Ouilly ; noble homme Thomas de Boislichausse,

____

(1) Ratification faite le 13 décembre 1576, d'une vente d'héritages sis à Magni-le-Désert. (Notariat de la Ferté-Macé.)

sieur des Ostieux ; noble homme Jessé des Buaz, sieur de la Fontaine ; noble homme Mathieu Le Verrier, sieur de Saint-Georges ; noble homme Christophe Pitard, sieur de la Bouguyonnière ; noble homme Guillaume de la Rue, sieur de Pommereux ; noble homme Gérard de la Rue, sieur de la Fontaine ; noble homme Jehan Estienne, sieur de Vigneral ; noble homme Charles Soucquet, sieur du Homme, et messire Guillaume Salles, curé de Batilly, qui nommèrent comme gardien de ses enfants mineurs, noble homme Gabriel de Saint-Bosmer, sieur de la Carneille, qui avait épousé sa veuve (1).

Cet acte est intéressant en ce qu'on y voit figurer les représentants des principales familles nobles des environs.

Gabriel de Saint-Bosmer, en qualité de gardien des dits enfants mineurs, bailla déclaration du fief de Treize-Saints au prince et à la princesse de Conti, en qualité de baron et de baronne de Cuy, le 11 septembre 1596 (2).

Le droit de patronage de Treize-Saints fut ensuite exercé, deux fois de suite, au nom du baron de Cuy : 1° en 1601, le 12 janvier, par Jeanne de Coesmes, princesse de Conti, dame du Jardin, après la démission de Marin Pondrehart, en faveur de Thomas Lafillard ; 2° le 3 octobre 1611, par Anne de Montafié, comtesse de Soissons, sa fille, en faveur de Jean Poirier.

En 1643, le 27 janvier, Gabriel Le Verrier, seigneur de Treize-Saints, usa de son droit de présentation, à la mort de Jean Poirier. François Le Febvre fut alors nommé curé, et il en remplit les fonctions pendant trente-sept ans. Le 10 juin 1680, il déclara qu'il souhaitait être déchargé du soin des âmes, à raison de son âge avancé et qu'il remettait ce bénéfice entre les mains de Gabriel Le Verrier, écuyer, sieur de Treize-Saints, auquel le droit de présentation appartenait pour cette fois (3).

En dépit de cette déclaration, faite au profit du seigneur de Treize-Saints, François du Four, seigneur de Cuy, le 2 sep-

---

(1) *Archives de l'Orne*, série E. Famille Le Verrier.

(2) Jeanne de Coesmes, fille de Louis, baron de Cuy, et de Anne de Pisseleu, mariée en 1574, à Louis de Montafié, dont naquit Anne de Montafié, femme de Charles de Bourbon, comte de Soissons, épousa en secondes noces, en janvier 1582, François de Bourbon, prince de Conti. Elle mourut le 26 décembre 1601. Sa fille lui succéda comme baronne de Cuy.

(3) *Archives de l'Orne*. Baronnie de Cuy.

tembre 1680, présenta à la cure Mᵉ Pierre Le Febvre, qui jouit paisiblement de ce bénéfice pendant quarante-sept ans.

Deux visites épiscopales, faites par Mᵍʳ Louis d'Aquin, eurent lieu du temps de Mᵉ Pierre Le Febvre, en 1701 et en 1708. Par la première, il fut constaté que la paroisse renfermait quatre-vingt-quatre communiants ; ce qui indique une population de plus de deux cents habitants, chiffre bien remarquable pour un territoire aussi restreint (1).

De plus, à la même époque, Treize-Saints avait l'avantage de posséder un maître d'école. Ce sont là des signes non équivoques d'une situation florissante. Malheureusement, la guerre de la succession d'Espagne rouvrit, avec le commencement du nouveau siècle, une ère de calamités dont la France eut beaucoup de peine à se relever. En 1708, il n'y avait plus de maître d'école à Treize-Saints ; le curé, plein de zèle et encore vigoureux, y suppléait et se chargeait d'instruire les enfants. Voilà de ces faits sur lesquels on aime à s'arrêter et qui apprendront à nos contemporains que l'on peut faire beaucoup de bien avec les ressources les plus restreintes.

Mais ces détails intéressants nous écartent de la série des seigneurs de Treize-Saints que nous devons faire suivre parallèlement à celle des chefs spirituels de la paroisse.

Gabriel Le Verrier, comme on l'a vu, nous est signalé comme patron, en 1643 et 1680. Dans l'intervalle, nous avons à noter qu'en 1660, Jacques du Four, baron de Cuy, reçut l'aveu de Gabriel Le Verrier, écuyer, seigneur et patron de Treize-Saints, lieutenant civil et criminel du bailli de Caen, en la vicomté de Falaise. De son mariage avec Geneviève Ricœur, naquit Antoine Le Verrier, qui suit.

Antoine Le Verrier, écuyer, seigneur et patron de Treize-Saints, se fit recevoir avocat au siège d'Argentan. Sonnard de Brochard, sieur de Saint-Ouen, écuyer, lieutenant ancien, civil et criminel au bailliage de Caen pour la vicomté de Falaise et lieutenant particulier, assesseur criminel en la dite vicomté, résigna en sa faveur ces offices, le 9 décembre 1685. Le 5 juin suivant, il épousa, en l'église de Saint-Gervais de Falaise,

---

(1) Plus tard, d'après une note marginale du *Pouillé*, sans date, il paraît que le nombre des communiants n'était plus que de cinquante, ce qui était encore assez joli.

Suzanne de Brochard, fille de ce dernier et de Françoise du
Mesnil, fille elle-même et unique héritière de Jean du Mesnil et
de Françoise de Marguerit. De ce mariage naquit Françoise-
Gabrielle-Geneviève Le Verrier, baptisée le 5 janvier 1690 en
l'église de Saint-Gervais de Falaise, nommée par Gabriel
Le Verrier, son grand-père. Suzanne de Brochard mourut
le 3 juin 1693 et fut inhumée le 5, dans la même église Devenu
veuf, Antoine Le Verrier épousa, en secondes noces, le
30 juin 1695, Marthe Poulain, fille de Thomas Poulain, maître
des cinq grosses forges de Lignières-la-Doucelle, veuve, depuis
trois mois à peine, de René de Montpinçon, auquel elle avait
donné quinze enfants. L'inventaire de ses meubles, effets et bijoux,
dressé le 28 juin, deux jours avant la noce, nous montre que les
soucis du ménage n'avaient pas éteint chez elle les goûts
d'élégance innés chez la femme. Antoine Le Verrier fut chargé
de la tutelle des quatre enfants de René de Montpinson, les seuls
survivants de cette nombreuse lignée. Il mourut à Rouen le
1er juin 1699. Marthe Poulain reprit alors la garde-noble de ses
enfants, qui avait cessé pendant son second mariage (1).

III

LES DE GAUTIER

François Le Verrier, sur ces entrefaites, avait été nommé
tuteur de Françoise-Gabrielle-Geneviève Le Verrier Il eut
même à soutenir un procès contre Madeleine de Montgommery,
veuve du baron de Cuy, au sujet de la garde-noble de cette
demoiselle que la baronne de Cuy réclamait à titre de droit de
fief. L'héritière de Treize-Saints fut mariée, le 5 avril 1705, avec
Jean-François de Gautier, chevalier, seigneur de Montreuil,
Bernières, la Combe, capitaine au régiment de Fimarron-
Dragons. Cependant, en 1708, Jean Le Verrier, écuyer, est
mentionné comme seigneur de Treize-Saints dans l'aveu rendu
au roi par Nicolas-François de Montgommery.

Jean-François de Gautier, en tous cas, exerça en 1727, le

----

(1) Comte GÉRARD DE CONTADES, *Notice sur la commune de Saint-
Maurice-du-Désert,* p. 86-91.

30 mai, le droit de présentation à la cure de Treize-Saints, à la mort de Pierre Le Febvre auquel succéda François Barrey. En 1745, il rendit l'aveu du fief de Treize-Saints et de ceux de Beaumais et du Désert, au baron de Cuy. Il mourut à Falaise, paroisse Saint-Gervais, trois ans après, le 5 octobre 1748. Son corps fut rapporté à Treize-Saints, deux jours après, et fut inhumé dans l'église. Il était âgé d'environ soixante-dix ans.

Sa veuve, Françoise-Gabrielle Le Verrier, en sa qualité de dame de Treize-Saints, à la mort de François Barrey, présenta à l'évêque, le 30 juin 1751, M⁰ Christophe Bourgeois, qui fut nommé curé. Cet acte est probablement la dernière trace qu'elle ait laissée de sa jouissance du fief de Treize-Saints. Elle mourut à Falaise, paroisse de Guibray, le 13 mars 1752. Son corps fut ramené à Treize-Saints et inhumé dans l'église près de son mari (1).

Trois filles étaient nées de cette union. L'aînée, Françoise-Gabrielle de Gautier de Montreuil, ne se maria pas et mourut à quarante-sept ans, le 9 juillet 1754. Elle fut inhumée dans l'église de la Sainte-Trinité de Falaise.

Ses deux sœurs cadettes avaient fait de riches mariages. La seconde, Marie-Hélène de Gautier, avait épousé, le 20 août 1750, dans la même église de la Sainte-Trinité de Falaise, messire Antoine-Louis-Camille d'Orglandes, chevalier, comte de Briouze, grand bailli d'épée d'Alençon, veuf de dame Marie-Henriette-Cécile de La Broise, fille unique de feu Henri-Charles de La Broise seigneur de Sainte-Marie-la-Robert. Une fille, Renée-Camille-Françoise-Anne-Marie, naquit de cette union le 21 avril 1751, mais mourut au berceau. Le comte d'Orglandes fut enlevé subitement par une fièvre paludéenne, le 1ᵉʳ juillet 1766 (2).

Nous ignorons l'époque de son décès ; mais, en tous cas, sa

(1) Armes des Le Verrier, seigneurs de Treize-Saints : *d'argent à la hure de sanglier de sable, arrachée.* (Recherche de la noblesse de la généralité d'Alençon, faite par Bernard de Marle, intendant, en 1666. Armes de Gabriel Le Verrier, seigneur de Treize-Saints. *Annuaire de l'Orne administratif, historique, pour 1866,* p. 263.)

M. Jules Appert a consacré une très intéressante notice aux différentes branches de la famille Le Verrier (*La Chaux. Notes et souvenirs,* p. 43-49), mais n'a pas parlé des seigneurs de Treize-Saints.

(2) Armes de la famille de Gautier : *de gueules à la croix ancrée d'argent, reliée de deux cordons d'azur, accompagnée de deux croissants de gueules montants au premier quartier* (Ibid. p. 260. Armes de la branche de Montreuil).

présence à Treize-Saints est encore marquée, dix ans plus tard, par un souvenir honorable que nous sommes heureux de consigner ici. La cloche de Treize-Saints, aujourd'hui refondue, portait l'inscription suivante, relevée par M. l'abbé Chalot (1) :

1776. — BÉNIE ET NOMMÉE MARIE PAR Mᵉ C. N. COUSIN DE LA RIVIÈRE, CURÉ DE CE LIEU, ET NOBLE DAME MARIE-HÉLÈNE DE GAUTHIER, DAME ET PATRONNE DE LA CAMBE, VEUVE DE MESSIRE LOUIS, COMTE D'ORGLANDES, COMTE DE BRIOUZE, GRAND BAILLY D'ÉPÉE D'ALENÇON.

Nous ne pouvons affirmer, toutefois, que ce soit à elle qu'échut, le 2 mars 1776, l'honneur de présenter à la cure, à la mort de Christophe Bourgeois. Il est dit simplement, dans le *Pouillé*, que le seigneur temporel de Treize-Saints exerça ce droit en faveur de Mᵉ Charles-Nicolas Cousin, prêtre du diocèse de Lisieux. Ce dernier ne jouit pas longtemps de ce petit bénéfice. En 1778 il avait démissionné et, le 28 décembre de cette année, Mᵉ André Dalmagne fut alors présenté par le seigneur et agréé par l'évêque.

Marie-Hélène de Gautier n'ayant pas laissé d'héritiers directs, sa fortune personnelle fit retour à sa sœur cadette, Louise-Charlotte-Françoise-Catherine de Gautier (2).

IV

LA DAME DE TILLY ; SA SUCCESSION. — LE GÉNÉRAL SONGIS

La race des seigneurs de Treize-Saints, qui devait s'éteindre dans la personne de Louise-Charlotte-Catherine de Gautier, ne pouvait faire une plus belle fin. Cette dame fut appelée, en effet, à réunir sur sa tête tous les biens de sa famille, et en outre ceux, plus considérables encore, que devait lui procurer un très riche mariage.

Née à Treize-Saints vers 1719, elle avait épousé, le 7 juin 1752, M. de Tilly, Jacques le Fournier, seigneur et patron de Tilly-

____

(1) Extrait communiqué par M. l'abbé Chesnel, curé de Batilly.
(2) Alfred LEMAITRE, *Briouze à travers les âges*. Dessins d'Albert Dornois et de René Rousseau-Decelle, Paris, A. Pedone, 1903, in-8°, p. 281.

Verolles (aujourd'hui Tilly-sur-Seulles), seigneur, patron et haut justicier de Hotot, seigneur d'Auvrecey (anciennement Auvrecher ou Verolles), Fontenay, Courperron, Orbigny, Grestain, Forges et autres lieux, fils de feu messire Jacques Le Fournier, seigneur de Francheville, et de feu noble dame Suzanne Blondel, dame de Tilly, demeurant en la dite paroisse.

Le mariage fut célébré avec une grande solennité, dans l'église de Sainte-Trinité-de-Falaise. On remarquait dans l'assistance, le grand bailli d'épée d'Alençon et son épouse, beau-frère et sœur de la mariée ; messire Henri-Alexandre-Théodore Jouenne, écuyer, seigneur d'Epaney, Fontaine d'Oulbec et autres lieux, et messire Jacques Blouet, chevalier, seigneur et patron de Cahagnoles.

La châtellenie de Tilly-sur-Seulles, comparée à la seigneurie de Treize-Saints, était réellement un domaine princier.

« Il y avait, lisons-nous dans le journal *Les Affiches de Paris* (14 décembre 1757), un beau château neuf, entouré de douves et de la rivière de Seulles. La paroisse ne renfermait pas moins de onze fiefs, relevant du Roi, sur lesquels neuf étaient réunis à la châtellenie. Le seigneur avait droit de foire et marché dans le bourg de Tilly, droit de patronage et de présentation à la cure et à la chapelle du lieu, droits de garenne, de chasse fort étendus ; deux fours à ban et quatre moulins dont les vassaux étaient sujets à la banalité, beaucoup de rentes seigneuriales et de corvées de différentes espèces ; dix-neuf fermes ou métairies en terres labourables, bois taillis et prés ; enfin plus de 900 acres de terre en domaine fieffé. Le tout produisait un revenu de plus de 17.000 livres. »

Mme de Tilly ne jouit pas longtemps des agréments que pouvait lui procurer cette magnifique résidence. M. de Tilly en effet mourut sans laisser d'héritiers directs, et fut enterré dans le chœur de l'église de Tilly, en sa qualité de seigneur patron. On y voit encore son épitaphe (1). Le domaine fut vendu par la veuve et par les sœurs de M. de Tilly, en 1759, à François-Jean d'Orceau, baron de Fontette, intendant de Caen, qui le fit ériger en marquisat, sous le nom de Tilly-Orceau, dix

------

(1) Armes : *d'azur au chevron d'or, accompagné de trois bustes humains de même.*

ans plus tard. On peut juger de son importance par le prix d'un million trois cent mille francs qui en fut offert au comte Duval de Grenonville, au commencement du siècle dernier (1). Il faut remarquer qu'en consentant cette vente, Mme de Tilly s'était réservé les droits honorifiques attachés au fief dont son mari portait le nom. C'est en cette qualité qu'elle figura à l'Assemblée de la noblesse du grand bailliage de Caen, tenue dans l'Abbaye-aux-Hommes, le 17 mars 1789. A l'appel de Mme de Gautier de Tilly-Hotot, le chevalier Grandin de la Gaillonnière répondit qu'il était porteur de sa procuration pour la représenter.

Mme de Tilly, après la mort de son mari, résida, d'ailleurs, ordinairement à Falaise, dans sa maison de la rue du Camp-Ferme, paroisse de la Trinité, ou au château de Treize-Saints, où elle passait la belle saison. Son jardinier Quandieu était spécialement chargé de l'entretien du parterre et de l'avenue qui embellissaient cette résidence. Deux fois elle fut marraine à Treize-Saints, en 1761 : 1° Le 7 août de cette année, avec François-Louis Le Verrier, sieur de la Conterie, demeurant à Argentan, probablement le célèbre auteur de l'*Ecole de la chasse aux chiens courants* (Rouen, 1763, 2 parties, in-8°), né à Saint-Brice-sous-Rânes ; 2° le 15 octobre suivant, avec M. de Thiremois, conseiller au parlement de Normandie.

La paisible ville de Falaise, qui pendant la Révolution donna asile à beaucoup de nobles, notamment à M. Faulcon de Falconner, seigneur de la Motte-Fouquet, qui s'y cacha si bien que tout le monde le crut mort (2), servit également de retraite à Mme de Tilly. Elle y avait d'ailleurs un train de maison en rapport avec sa fortune, et n'avait pas à son service moins de cinq domestiques, sans compter une femme de confiance. Philippe, son cuisinier, était dans sa maison depuis vingt ans, lorsqu'elle mourut à l'âge de quatre-vingt-trois ans, le 27 vendémiaire an IX.

Le partage de cette succession fut long et laborieux. Parmi les héritiers directs ou par représentation, on voit figurer

____

(1) *Etude historique sur Tilly-sur-Seulles*, par un Antiquaire. Caen, Ch. Valin, 1857, in-8°, 29 p. — L'auteur, M. Gaston Le Hardy, nous a fourni plusieurs renseignements précieux.

(2) V. *La Motte-Fouquet. Souvenirs historiques*, par W. Challemel. Publié dans la *Revue Normande et Percheronne illustrée*, vi^e, viie, et viiie années.

M. François-Mathieu de Cheux du Repas ; MM. du Bourblanc d'Apreville (1) et de Marguerye, la dame Philippe du Moncel, veuve de feu M. de Gautier de Fleuriel, épouse de M. Grosourdy de Saint-Pierre, les familles de Morell, de Pierrefitte, de la Mondière, de la Fortinière, etc.

Les bons et vieux domestiques de Mme de Tilly ne cessèrent leur service qu'après la vente du mobilier, qui ne fut terminée que le 25 floréal an IX. Mais ils ne furent pas congédiés sans recevoir de la part des héritiers un témoignage honorable qui nous édifie sur la façon dont on comprenait alors, dans les familles distinguées, les devoirs des domestiques envers les maîtres et ceux des maîtres envers les domestiques. Nous en trouvons la preuve dans la lettre curieuse qui fut adressée, le 26 floréal an IX, par M. Mathieu Cauvigny, de Falaise, fondé de procuration des héritiers, à Mme de La Fortinière, de Sées :

Falaise, ce 26 floréal an IX.

Madame,

La vente des meubles de Madame de Tilly ayant été terminée hier, les domestiques ont cessé leur service, mais en le cessant, il faut payer leurs gages et les récompenser.

Ces domestiques sont au nombre de cinq, en outre une femme de confiance dont Madame de Tilly se servait toutes les fois qu'elle était malade ou incommodée. Le cuisinier, nommé Philippe, servait cette Dame depuis 20 ans ; le jardinier de Tressaint, nommé Quandieu, la servait depuis onze ans et sert encore la succession ; la femme de chambre nommée Fermeu, le domestique nommé Hareng et la servante nommée Chalot servaient depuis deux ans

Quelque tems avant la vente, j'avais délibéré avec les autres porteurs de pouvoirs des héritiers sur la manière de récompenser ces serviteurs ; le représentant de Mesdames de Morell proposa, de leur part, de fixer la récompense du cuisinier Philippe à 2.000 francs, celles des autres à proportion du tems, de leurs services et de l'attachement qu'ils avaient marqué à feue Madame de Tilly. en sorte qu'il fut estimé que si l'on donnait 2.000 fr. à Philippe, il fallait en donner 1 200 à Quandieu qui avait marqué beaucoup d'intérêt et de probité ; 600 à la femme de chambre qui avait épuisé sa santé en passant les nuits auprès de Madame de Tilly, 5 à 600 à Hareng, qui l'avait servie avec

---

(1) Charles-Marie-Henri du Bourblanc d'Apreville, demeurant à Saint-Symphorien-des-Bruyères, arrondissement de Mortain ; Louis-François de Marguerye, propriétaire à Vaux-la-Campagne.

distinction ; 3 à 400 à la servante qui avait marqué aussi beaucoup d'attachement à sa maîtresse ; enfin 8 à 10 louis pour la femme de confiance et quelques louis pour son fils qui servait Madame de Tilly depuis quelques mois et qui l'a assistée dans sa dernière maladie. Quant à moi, je n'ai pris aucune détermination, désirant consulter votre branche, ainsi que Messieurs de Marguerye et du Bourblanc que je représente.

J'ai conféré ce matin avec Mademoiselle Dugacens qui a séjourné ici pendant la vente, elle a trouvé qu'il était juste de récompenser les serviteurs de Madame de Tilly, mais elle n'a pas voulu prendre sur elle de prononcer sur la proposition faite par Mesdames de Morell et sur le projet des porteurs de pouvoirs des héritiers de la ligne masculine dont je viens de vous faire part et elle m'a prié de vous consulter : Messieurs de Marguerye et du Bourblanc m'ont engagé de statuer sur cet objet ce que j'aviserais bien.

Veuillez donc, Madame, au reçu de la présente me faire part de votre vœu sur la récompense dont il s'agit. Je sais que la part que chacun de vous prendra dans cette succession ne sera pas forte : toujours est-il que vous aurez le huitième d'environ 30.000 de rente à partager entre six, et en suposant qu'on adoptât les propositions de Mesdames de Morell et de Saint-Germain, la contribution de chacun de vous à cette bienfaisance ne s'élèverait pas à plus de 100 à 110 fr. une fois payée. Vous devez d'autant moins différer votre réponse que les domestiques étant sur le pavé, ont besoin d'argent.

Je l'attens et vous prie d'être persuadé du respect avec lequel j'ai l'honneur d'être,

     Madame,

Votre très humble et très
obéissant serviteur,
Signé : CAUVIGNY.

Le partage des immeubles fut fait, par acte sous-seing privé en date du 13 fructidor an XII, enregistré à Falaise le 17 du même mois. Le premier lot, qui fut attribué aux héritiers de la ligne maternelle, comprenait :

La terre de Treize-Saints, située en la commune de ce nom, et par extension en celles de Saint-Ouen-sur-Maire et de Sevray, de la contenance de 141 acres ou environ, plus la terre de Barville, 30 acres ; la terre de Beaumais-Troussel, sise à Boucé et à Sainte-Marie-la-Robert, 48 acres ; la Mauvaisinière, communes de Fresnay-le-Samson et de Belautel, 72 acres ; l'herbage de la Belle-Ecorce, à Almenêches, 7 acres et demie ; maison à Falaise, rue du Camp-Ferme ; plus différentes rentes.

Le fondé de procuration de ces héritiers, M. Cauvigny,

homme de loi à Falaise, vendit, le 2 prairial, an XIII, à Claude-Louis-Didier Songis, général de division, conservateur des eaux et forêts et membre de la Légion d'honneur, demeurant à Guibray, faubourg de Falaise, et à Jacques-Charles de Foulques, demeurant également à Falaise, moyennant la somme de 88.888 fr. 81 centimes, la terre Treize-Saints ainsi désignée : « Maison de maître et de fermier, colombier, bâtiments d'exploitation, cours, jardins, clos de murs et de haies, avenue, terres labourables, herbages, prairies, plants, patures, bois de haute futaye et bois taillis, avec un moulin à blé sur la rivière de Maire, portion de pré y attenant, une petite maison et jardin dont jouit le meunier. »

Une réserve remarquable fut introduite dans l'acte de vente par MM. du Bourblanc d'Apreville et de Marguerye. Ils retinrent, pour en disposer à leur volonté, trois petits clos nommés les Hameaux, situés à peu de distance du logis de Treize-Saints, de la contenance de 12 ares, et les vendirent, quelques jours après, le 28 thermidor an XII, à Jacques Quandieu, l'ancien jardinier de Mme de Tilly, qui avait dû demander à en faire l'acquisition.

C'est encore un nouvel et touchant exemple de la nature des rapports qui existaient alors entre les bons maîtres et les bons domestiques, dont la lettre de M. Cauvigny nous a conservé l'expression fidèle.

Le principal propriétaire de Treize-Saints, après Mme de Tilly, au commencement du XIXe siècle, a des droits, lui aussi, à nos souvenirs. Claude-Louis-Didier Songis, fils de Joseph Songis, seigneur de Donain, était né à Troyes, le 13 février 1752 (1). La *Biographie des hommes célèbres du département de l'Aube*, par Émile Socard, nous apprend qu'il appartenait au corps de l'artillerie et qu'il fit ses premières armes sous La Fayette, dans la guerre de l'indépendance des États-Unis. Une carrière plus vaste lui fut offerte durant la lutte héroïque soutenue par la France contre la coalition, de 1792 à 1801, et c'est sur ces glorieux champs de bataille qu'il conquit le grade de général de division. Admis à la retraite, à l'époque de la paix, après trente années de service, il fut placé, par le premier consul, à la

____

(1) *Tableau général et alphabétique des pensions à la charge de l'Etat*, t. X, 1817, in-4°.

tête de la quatrième conservation forestière, comprenant le Calvados, l'Orne et la Manche. Il succéda, dans ce poste, à Graham, nommé le 4 ventôse an IX, mais qui ne l'occupa que peu de temps. Le nom du général Songis figure dans l'*Almanach national de l'an X*, comme conservateur de la quatrième circonscription forestière, en résidence à Caen. Nous avons vu, cependant, que dans l'acte de vente de Treize-Saints il est désigné comme habitant de Falaise. Il est certain, d'ailleurs, qu'il résida fréquemment dans cette ville, d'où est daté son *Arrêté concernant la chasse dans les forêts nationales*, du 1er jour complémentaire an XII (Falaise, de l'imprimerie de Brée, l'aîné, imprimeur de la 4e conservation forestière, in-4°, 3 p.).

Les attaches qu'il avait à Falaise, où il se trouvait au centre de sa conservation et à peu de distance de Treize-Saints, nous sont indiquées par son inscription, avec le titre de fondateur, à côté de plusieurs notables de la ville et des environs, dans le *Tableau des Frères qui composent La loge Saint-Jean, régulièrement constituée, à l'O∴ de Falaise, sous le titre distinctif de* BERCEAU DE GUILLAUME-LE-CONQUÉRANT (Falaise, Brée frères, place Trinité, 1811, in-folio). La Franc-Maçonnerie, on le sait, était alors une institution quasi-officielle, une sorte de chevalerie civile entre hommes ralliés au gouvernement sans distinction d'origines.

Ses droits au titre de bourgeois de Falaise résultent enfin du fait du mariage qu'il contracta dans cette ville, où sa descendance s'est perpétuée jusqu'à nos jours.

Il n'est pas douteux que pour cet enfant des plaines champenoises qui, depuis tant d'années, n'avait connu le repos qu'au lendemain d'une blessure ou d'une victoire, les sites pittoresques de notre Bocage, l'aspect varié de nos campagnes, le caractère paisible des habitants, avaient un attrait particulier. C'est donc à Treize-Saints qu'il dut souvent prendre ses vacances et peut-être s'exercer à marcher sur les traces de l'auteur de la *Chasse aux Chiens courants*, Le Verrier de la Conterie.

La vignette qui figure en tête de ses lettres semble indiquer ses goûts et ses habitudes. A l'ombre d'un bois touffu, au pied d'un hêtre, Minerve, casque en tête et lance en main, est assise sur un rocher. Sur le gazon est posée une lyre de grande dimension, à côté de grosses pièces de bois de construction. Devant

elle un lévrier est en sentinelle, les yeux fixés sur sa maîtresse
et semblant attendre ses ordres. La même vignette, d'ailleurs,
se retrouve sur plusieurs documents imprimés de l'époque,
émanant de l'administration des forêts. Il nous a paru intéressant d'en donner le fac-simile.

La *Biographie des hommes célèbres du département de
l'Aube* fait mourir le général Songis en 1814. La vérité est qu'il
dut, en 1818, transporter sa résidence à Rouen, par suite d'un
remaniement des circonscriptions forestières. Le ressort à la
tête duquel il fut placé comprenait les six départements du
Calvados, de l'Eure, de la Manche, de l'Orne, de la Sarthe et de
la Seine-Inférieure. Il paraît avoir occupé ce poste important
jusqu'en 1823, époque où il fut remplacé par M. de Sezille.

La carrière militaire de son frère cadet, Nicolas-Marie Songis,
né à Troyes, le 23 avril 1761, fut plus courte, mais brillante. Entré
comme lieutenant dans le corps de l'artillerie en 1780 (1), il prit
une part importante à la défense du département du Nord (2) et se
distingua notamment à Nerwinden (3). Il fit les campagnes d'Italie
et d'Egypte avec Bonaparte, et revint avec lui en France. Il l'ac-
compagna dans son voyage à Bruxelles, en juillet 1803, et fut élu
candidat au Sénat par le collège électoral du département de
l'Aube. Il succéda à Marmont dans la place d'inspecteur général
de l'artillerie, et fut décoré du cordon rouge, le 1er février 1805.

(1) *Galerie historique des contemporains*, t. VIII, p. 52.
(2) *La Défense nationale dans le Nord, de 1792 à 1802*, par Paul Foucart
et Jules Finot, t. II, p. 140-322.
(3) *Mémoires de Madame Roland*. — V. également : *Dictionnaire historique et biographique de la Révolution et de l'Empire*, par le Dr Robinet, et
les *Victoires conquises, etc., des Français, de 1792 à 1815*, t. III et VI,
p. 11, 12, 14, 17.

Dans les campagnes de Pologne et d'Allemagne, il donna des preuves de la plus haute valeur et du plus grand mérite. Il fut créé comte de l'Empire, le 8 avril 1808. Il est mort à Paris, le 27 décembre 1810, emportant dans le tombeau, où une maladie cruelle l'avait prématurément conduit, la réputation d'un des meilleurs officiers de l'armée.

A la même famille appartenait Songis de Pange (Marie-Jacques-Thomas), chambellan de l'Empereur, créé comte de l'Empire le 22 décembre 1810.

Après la mort de Claude-Louis-Didier Songis, le domaine de Treize-Saints fut de nouveau vendu et divisé, l'avenue abattue, le parterre converti en herbage. Une des ailes du logis seulement fut conservée. Une peinture qu'on voit encore sur les murs d'un des appartements, dépendant du château, donne une idée de ce qu'il était au temps de Mme de Tilly.

L'église ne devait pas être mieux traitée.

Le dernier curé se nommait André Dalmagne ; il jouissait de la totalité des dîmes, ce qui ne veut pas dire que le produit en fût considérable, vu le peu d'étendue du territoire de la paroisse (1). Un jardin attenant à son presbytère et deux petites terres d'aumône composaient tout son temporel, dont le revenu fut évalué, en 1790, à 700 livres. Le Directoire du district d'Argentan, considérant que ce revenu était au-dessous du minimum accordé par l'article VIII du décret du 24 juillet 1790, déclara que le traitement du curé devait être fixé à 1.200 livres.

Les avantages matériels que promettait la Constitution civile du clergé aux prêtres mal rétribués, contribuèrent sans doute à faire adopter à quelques-uns d'entre eux une ligne de conduite opposée à celle de la majorité de leurs confrères, plus courageux en face du schisme que préparait la loi du serment. Il semble qu'il est permis de supposer qu'il en fut ainsi pour le curé de Treize-Saints. Il se soumit à cette loi sans aucune restriction

---

(1) La superficie totale du territoire de la commune de Batilly, avec ses quatre anciennes paroisses, est actuellement de 833 hectares, dont une portion considérable était alors en bruyères et en bois. La partie cultivée de la paroisse de Treize-Saints était par conséquent de très petite étendue et d'un maigre produit. Les fruits cependant y sont de bonne qualité, comme l'atteste le proverbe, cité par Chrétien dans son *Almanach argentanois* pour 1842 : « Batilly, Treize-Saints, Bernay, pour le bon poiré. »

le 2 février 1791. Il fut d'ailleurs nommé par voie d'élection, peu de temps après, à la cure de Ménil-Hermei.

A partir de ce moment, l'église ne s'ouvrit plus qu'aux jours de fête patronale et aux jours d'enterrement, car les habitants de Treize-Saints continuèrent à être inhumés dans le cimetière. Quant à la modeste église où se lisaient encore les noms de quelques-uns des anciens curés, elle a subi le sort de celles où le culte a été supprimé ; la pioche des démolisseurs s'est abattue sur elle, il y a une vingtaine d'années environ. Une modeste chapelle a été élevée sur son emplacement aux frais des habitants de la section et bénie solennellement, avec les trois statues de la sainte Vierge, de saint Joseph et de sainte Barbe qu'elle renferme, le 9 septembre 1883 (1).

La municipalité de Treize-Saints survécut à la Révolution. Le premier maire, après 1800, fut François Hubert, nommé par arrêté préfectoral du 1er messidor an VIII. Après sa mort, il fut remplacé, le 29 janvier 1811, par M. Georges-Gustave-Hilaire de Caix, démissionnaire en 1820. Le dernier maire fut Claude Leviel, nommé le 16 octobre de cette année. Une ordonnance royale du 20 mars 1822 supprima cette commune et celle de Bernai et réunit leur territoire à celui de Batilly.

Aucun fait nouveau cependant ne semblait justifier cette mesure en ce qui concerne Treize-Saints, puisque sa population, qui n'était que de 97 habitants en 1802, s'était élevée en 1820 à 117 (2).

Le silence s'est fait, sur la commune, sur la paroisse et sur les seigneurs de Treize-Saints. Seul le souvenir de M᷎ᵐᵉ de Tilly plane encore sur ces ruines. Son nom et les nombreux actes relatifs à sa famille ont été conservés dans les volumineux dossiers de pièces authentiques que durent produire les ayants droit au fantastique héritage qu'elle laissa après elle. Or parmi ceux-ci figuraient les auteurs de notre excellent et aimable confrère M. H. de La Fortinière, comme descendants des Sonnard de Brochard, et celui-ci a eu l'extrême obligeance d'en faire pour nous un dépouillement fidèle et minutieux. C'est ce qui nous a mis à même d'établir d'une façon plus rigoureuse qu'on n'avait

____

(1) Renseignements communiqués par M. l'abbé Chesnel.
(2) *Archives de l'Orne*, série L. — District d'Argentan. — Rejet des avis donnés par le Directoire du district d'Argentan sur le traitement accordé a MM. les ecclésiastiques de son ressort, n° 196.

pu le faire jusqu'à ce jour, la filiation des derniers seigneurs de Treize-Saints. Si cette partie du présent travail offre quelque intérêt, c'est à lui seul que le mérite en sera dû.

V

L'abbé Fresnais, curé de Batilly. — Le Voyage de Batilly

Le souvenir de Mme de Tilly revit également dans un autre document, d'un ordre moins sévère, sur lequel nous avons eu la bonne fortune de mettre la main. C'est une pièce de vers en l'honneur du curé de Batilly, composée par un poète inconnu jusqu'à ce jour, peu de temps avant la Révolution, et précisément à l'époque où Mme de Tilly habitait Treize-Saints. Ce nom, qui fournit une rime très riche à Batilly, se rencontre deux fois à la fin des vers. Le poète, d'ailleurs, dut passer par le château de Treize-Saints pour se rendre à Batilly. De là le salut qu'il adresse, en passant, à Mme de Tilly. Il me paraît intéressant d'en donner l'analyse.

L'auteur avait pour nom Chéradame; or on cite à Argentan et à Écouché, une série d'hommes distingués qui l'ont honorablement porté, depuis le commencement du xve siècle jusqu'au xixe (1). Tels furent Jean Chéradame, médecin et helléniste, professeur au Collège de France (2); Philippe Chéradame, curé d'Écouché en 1640, qui s'occupa de l'achèvement de sa belle église (3); Jean Chéradame, membre de l'Académie de médecine, né en 1788; Auguste Chéradame, conseiller à la Cour d'appel de Caen, né en 1796, qui défendit avec énergie, en 1841, les intérêts de nos agriculteurs, dans une brochure intitulée: *De la patente des herbagers*; enfin Frédéric Chéradame, dit le *Père Chéradame*, le célèbre éleveur d'Écouché.

---

(1) Dès le commencement du xve siècle, la famille Chéradame était citée comme une des plus notables de la contrée. En 1405, l'abbé de Troarn, en mémoire des services rendus à son abbaye par Colin Chéradame, de Goulet, et par N. Tiquard, son bisaïeul, en dirigeant la construction du gable et de trois arches ou voûtes de l'église du prieuré ou chambrerie de Goulet, lui accorda, ainsi qu'à ses descendants, la faveur d'être inhumé dans le chœur de cette église. (*Archives de l'Orne*, H. 1957.)

(2) Illustrations scientifiques du département de l'Orne, dans le *Bull. de la Société scientifique Flammarion*, t. III, 1885, p. 106-108.

(3) Alfred de Caix, *Histoire du bourg d'Écouché*, p. 172-173.

Parmi les autres personnes du même hom, nées à Écouché ou aux environs, dans le dernier quart du xviiie siècle, nous trouvons François Chéradame, qui, le 31 juin 1758, présenta au baptême, dans l'église de Sevray, un enfant qui fut nommé Guillaume-François-Marin, par Guillaume François Estienne, écuyer, et par Marie Nugues de la Brunière, ses parrain et marraine. Comme rien ne prouve qu'il fût lettré, il serait évidemment téméraire de lui attribuer la pièce en question. C'est un problème que nous voulons simplement signaler aux recherches des curieux à même de l'éclaircir, et dont, par conséquent, nous n'avons à écarter aucun élément.

Ce poème, intitulé *Le Voyage à Batilly*, est sous forme d'idylle. L'auteur, poète d'occasion, comme l'abbé Gérard, l'abbé Dauphin, y a intercalé la conversation qu'il eut un jour, en montant la côte de Mauve (1), sur le chemin de Treize-Saints et de Batilly, non pas avec une simple nymphe des bois ou dryade, que l'on pourrait prendre pour le génie du lieu, mais avec Déiopée, la plus belle des sept nymphes que Junon avait à sa suite et qu'elle promit en mariage à Eole, en récompense du service qu'elle attendait de lui en déchaînant les vents pour engloutir la flotte d'Enée (2). Quant au poète lui-même, tout ce que nous savons sur lui c'est qu'il habitait une chaumière, comme il sied à un poète bucolique, qu'il y vivait seul, et que son front était prématurément dénudé, comme celui de Béranger :

> Ennuyé d'être seul, dans ma triste chaumière,
> Sitôt que le soleil veut montrer sa lumière,
> Je me lève et je pars, un dimanche matin ;
> C'était, de fait, un jour de fête Saint-Martin.

Saint Martin, nous l'avons dit, est le patron de Batilly, et sa fête y a toujours été célébrée avec un certain éclat. On se souvient même qu'il y a cinquante ans, à l'occasion de cette solennité, M. Le Têtu de la Motte, curé de Batilly, gardien fidèle des traditions, faisait parfois appel au concours de la musique d'Argen-

---

(1) Mauve, lieu dit de la commune de Sevray auquel aboutissait un ancien chemin, venant de la Basse-Rivière, conservé en 1825.

(2) *Æneidos*, lib. I., v., 78. Serait-il possible de reconnaitre dans cette nymphe, attachée, dit le poète, à la personne de Junon, épouse de Jupiter, une châtelaine des environs d'Écouché ? Nous livrons cette question aux investigations des curieux.

tan. Or il paraît que, cette année, l'été de la Saint-Martin fut marqué par des journées ensoleillées, car, arrivé à la hauteur du bois de Vigneral (1), notre poète dut ôter son chapeau, atteindre son mouchoir pour éponger son front dénudé et s'asseoir afin de reprendre haleine. Il ne faut pas croire, en effet, que la route d'Écouché à Briouze fût alors dans l'état où elle est aujourd'hui. C'est en 1792 seulement que cette route fut ouverte, mais on se contenta alors de creuser des fossés des deux côtés et elle fut laissée en cet état jusqu'à la Restauration. En 1813, c'était un simple chemin dit vicinal, qui, depuis longtemps, n'avait été aucunement réparé, ce qui, comme il est dit dans une pétition adressée au préfet à cette époque, causait une perte considérable pour la partie de l'ouest du département, spécialement pour le transport des charrées, dont il passait par ce chemin 20 à 30 voitures par jour, sans les autres voitures d'autres marchandises, pour alimenter Argentan et Écouché.

Pour la commodité des voyageurs, les propriétaires riverains durent même alors laisser le passage libre sur leurs pièces de terre, pour leur permettre d'éviter le chemin dit vicinal devenu impraticable. On s'explique donc sans peine que vers 1783, dans ce chemin « montant, sablonneux, malaisé », le poète Chéradame, même au mois de novembre, ait dû s'arrêter un instant vers le milieu de la côte de Mauve.

C'est à ce moment que la nymphe Déiopée fit son entrée en scène et engagea avec lui la conversation en ces termes :

« Où portes-tu tes pas, bonhomme à tête chauve ? »
(J'étois directement sur la butte de *Mauve*) (2).
« Ou vas-tu, Chéradame ?
— Que t'importe où je vais ? Toi, dis qui tu peux être ?
— « Je suis, répond la voix, la nymphe Déiopée,

---

(1) Vigneral, dont le logis se voit à droite de la route d'Écouché à Briouze, était un huitième de fief relevant de Bernai, sous la vicomté de Falaise, réuni avec ceux de Sevrai, de Ferrière et de la Bouverie en un seul fief, sous la dénomination de Vigneral, par lettre du Roi du 28 septembre 1730, en faveur de François de Vigneral, écuyer, conseiller au parlement de Rouen.

(Extrait des fiefs existants à l'époque de 1750, dans la circonscription du domaine d'Argentan et d'Exmes, fait par Raousset, intendant de ce domaine. (*Annuaire de l'Orne 1875*, Partie historique, p 78.)

(2) Mauve est un lieu dit de la commune de Sevray auquel aboutissait un ancien chemin, venant d'Écouché, qui fut conservé en 1825.

Dont Junon est partout servie, accompagnée.
Je règne dans ces lieux, je préside à ces bois. »
      — Pardonnez-moi, déesse,
Quoique l'heure s'avance et que le temps me presse
Vous sçaurez où je vas. Je vas à Batilly.
— « Tu vas à Batilly ! Ces lieux sont nos domaines
Et les nymphes, mes sœurs, en sont les souveraines.
Je connois tous ces bois, je connois tous ces lieux,
Mesnil-Glaise, Bernay, Mesnil-Jean, les Authieux (1),
Là se font tous les ans nos grandes assemblées.

. . . .

Chez qui donc, Chéradame, as-tu dessein d'aller ? »
      — Je vas chez le curé.
      — « Quoi, chez le sieur Fresnais,
Connu de Rennes à Brest, de Toulon à Calais ! »

Ici, il est impossible de se le dissimuler, l'idylle tourne brusquement au panégyrique et l'on voit clairement que l'apparition de la nymphe, sa conversation avec le poète n'ont d'autre utilité que de servir d'introduction à un éloge du curé de Batilly :

— Le sieur Fresnais est, dis-je, un homme tout de cœur,
Ouvert, franc, généreux, toujours de bonne humeur.
Surtout, ce qui plaît bien, ce qui fait qu'on l'admire,
Ses discours sont toujours lardés de mots pour rire.
      Il n'est point scrupuleux,
Il dira le premier son couplet de chanson ;
Pour traiter ses amis, il est incomparable.

Le curé de Batilly avait un beau jardin, qu'il cultivait avec soin et qui lui fournissait, selon la saison, asperges, melons, artichauts. Souvent il apprêtait lui-même les plats qu'il servait à ses hôtes. Voilà bien le portrait, d'après nature, d'un curé bon vivant. Passons à celui du pasteur charitable et dévoué à son troupeau :

Oui, sa main libérale, attentive aux besoins
De ceux dont la conduite est remise à ses soins,
Donne indifféremment, ne refuse personne ;
Et sa gauche ne sait ce que sa droite donne.
De la veuve affligée il est l'unique appui,
Et le triste orphelin retrouve un père en lui.

(1) Les *Authieux* ou les *Ostieux*, ancienne paroisse de l'élection de Falaise, doyenné d'Annebecq, réunie aux Yveteaux.

> J'ai vu moi-même, un jour, chose assez surprenante,
> Et de sa charité preuve bien convaincante,
> Quatre femmes sortir, emportant de chez lui
> Chacune un plat de soupe à l'heure de midi.
> Quel autre de son pot eût prodigué la graisse,
> Un dimanche surtout, dites-le moi, déesse ?
> Et quel autre homme enfin en suivant sa façon
> Eût si bien sçu régir les pauvres d'Alençon ?

L'abbé Fresnais (Jacques-Louis), était né à Alençon, rue de Sarthe, le 9 mars 1743 (1), sa famille jouissait d'une certaine aisance. Il avait été nommé curé de Batilly, le 7 mai 1778 (2).

Fut-il attaché d'abord à l'administration de la Marmite des pauvres, fondée à Alençon par François Foucquet, archevêque de Narbonne (3) ? On est fondé à le supposer. Ce qui est certain, c'est que durant une des nombreuses épidémies qui ravagèrent les élections de Falaise et d'Argentan, dans les années qui précédèrent la Révolution, et dont Batilly eut sa part, il sut largement pratiquer, à l'égard de ses paroissiens, le devoir de l'assistance :

(1) « Le samedi 9 mars 1743, a été baptisé par nous, vicaire soussigné, Jacques-Louis, né ce jour, à une heure du matin, rue de Sarthe, en légitime mariage, fils de Jacques Fresnais, couvreur, et de Marie-Françoise Martin, son épouse : le parrain, Louis-François Fresnays, la marraine, Françoise Launay, le père absent ». (Archives Communales d'Alençon, état civil de Notre-Dame.)

(2) Les notes biographiques recueillies par M. Chalot, ancien curé de Batilly, sur l'abbé Fresnais, que M. l'abbé Chesnel, curé actuel, a eu l'obligeance de nous communiquer, concordent de tous points avec le portrait esquissé par le poète Chéradame.

Ce qu'on a retenu de lui, surtout, c'est le souvenir de sa bonne humeur et de sa générosité. A l'égard des enfants du catéchisme, il se montrait plein de bonté, tout en les rudoyant, parfois, pour stimuler leur paresse. Lorsqu'ils s'étaient montrés sages, il les introduisait dans son jardin, leur permettait d'y prendre leurs ébats et, dans la belle saison, de faire la collation au pied de ses poiriers chargés de fruits.

Chose à noter pour l'époque où la culture de la pomme de terre était encore peu répandue, d'après les notes de M. Chalot, l'abbé Fresnais ensemençait chaque année un carré de pommes de terre dont les indigents avaient leur large part. Il engraissait aussi un porc, dont il se réservait à peine la moitié.

Autre détail, recueilli par M. Chalot, qui peint la bonté et la simplicité de l'abbé Fresnais. Tous les dimanches une pauvre femme du voisinage avait son dîner servi au presbytère, sur un billot, placé près de la cheminée de la cuisine, qui servait en même temps de salle à manger à M. le Curé, pendant que celui-ci, assis à sa petite table ronde, expédiait rapidement son modeste repas.

(3) Sur l'assistance des pauvres à Alençon, v. Rapport sur l'administration de la Portion ou Marmite des pauvres malades et du Bureau de charité d'Alençon en 1790. (H. 5119), Archives de l'Orne.

> Ce Carême dernier, sans donner de cassades,
> Chez lui le pot bouilloit en faveur des malades ;
> Son boucher fournissoit de la viande à foison.
> Le monde, jour et nuit, emplissoit sa maison.
> Bientôt, par un effet qui le surprit lui-même
> Et dont il s'apperçut dès la fin du Carême,
> Il vit que son troupeau, si tendrement chéri,
> Se trouva par ses soins entièrement guéri,
> Sans qu'aucun médecin éprouvât sur personne
> Les remèdes douteux qu'à tout hasard il donne.

Cette défiance à l'égard des médecins, ou plutôt des empiriques qui à cette époque infestaient les campagnes, n'était que trop justifiée (1).

Mais comment ce curé aurait-il pu subvenir seul aux besoins de tant d'infortunés chez qui la misère était la principale cause de la maladie, s'il n'avait été un peu secondé par quelques personnes riches et généreuses ? Treize-Saints est trop près de Batilly pour que Mme de Tilly se soit montrée insensible aux besoins des pauvres de cette paroisse. Notre poète, il est vrai, n'en dit rien, mais peut-être n'est-il pas téméraire d'essayer de suppléer à son silence.

Voici maintenant le chapitre des riches avares, sur lequel la nymphe avait interrogé son interlocuteur :

> Hélas ! Que j'en connois, répondis-je, de riches,
> Qui sont précisément les plus durs, les plus chiches.
> J'en connois, un surtout... Ce rustaud, ce caffard,
> Croit avoir fait beaucoup quand il donne un liard.
> S'il leur donne du pain, quel pain ! C'est du pain d'orge
> Dont le son tout entier leur écorche la gorge ;

(1) Voici ce qu'écrivait, en 1781, M. Bouffey, alors médecin à Argentan, à propos d'une épidémie qui avait éclaté à Sainte-Marie-la-Robert et Vieux-Pont: « Des erreurs de tout genre, des préjugés grossiers, l'ignorance sous le joug du charlatanisme le plus accrédité, celui-ci dominant en maître sur les esprits faibles et prévenus auxquels le nom de médecin n'inspirait que de la défiance : voilà le spectacle que m'offrit ma première *visite* chez ces malheureux que la misère et la maladie retenaient dans une consternation indicible. A peine se rencontra-t-il un seul malade qui n'eût été gorgé de quelque breuvage incendiaire, donné sur l'inspection des urines par les *uromontes*, qui affligent le pays et que l'impunité semble autoriser à se jouer de la vie des hommes. Et plût au ciel encore que cet abus meurtrier fût concentré dans ces contrées où la fourberie fait triompher l'ignorance, et ne fût pas devenu, pour plusieurs médecins de ce canton, le moyen méprisable de lever un tribut sur la crédulité du peuple. »

> Chaque morceau qu'il taille est toujours si petit
> Qu'un pauvre en le mangeant en perd peu d'appétit.
>   — La déesse sourit et me dit : « Chéradame,
> Un tel homme devroit être mis à la rame.
>   Un pauvre, il le rejette.
> Mais l'amitié des grands, il la brigue, il l'achète.
> Pourquoi, me diras tu ? C'est que morceaux friands
> Sont ordinairement sur la table des grands.
> Un riche le régale ; il lui rend la pareille,
> Il épargne, pour mieux le traiter à son tour.

La pièce se termine par un chant de triomphe en l'honneur de l'abbé Fresnais, avec protestation, de la part du poète, de le chanter si bien,

>   Qu'à travers la bruyère
> On verra les agneaux bondir, laissant leur mère :
>   Dans nos vallons, sur nos coteaux,
>   En foule on verra les Naïades
>   Sortir des prés et des roseaux.

Malheureusement, des hauteurs du dithyrambe, nous allons retomber brusquement sur le terre-plein de la vile prose. Le poète devait aller dîner chez le curé de Batilly. Soudain il se réveille comme d'un rêve, il laisse l'immortelle s'éloigner, et au lieu de s'essayer à voler comme elle, il se remet d'un pas ferme à marcher à pied, car il a encore une bonne petite lieue à faire, et la messe est sonnée depuis longtemps.

> Je me lève à ces mots, je quitte la déesse ;
> Je reprends mon chemin, je marche avec vitesse,
> Et passant Treize-Saints, Madame de Tilly,
> Dans demie heure, au plus, j'arrive à Batilly.

Nous ne doutons pas qu'il n'y ait bien dîné. Il ne faudrait pourtant pas croire au moins qu'il fût du nombre de ces gentils-hommes, besogneux et faméliques, dont parle le curé de la Lande-de-Goult, qui avaient pour spécialité de se faire inviter par les curés, type curieux dont il nous a donné un spirituel croquis :

X... possède toutes les qualités nécessaires, un bon esprit, peu caustique, un caractère d'or, une simplicité charmante. Il assiste dévotement à la messe du curé, dîne avec lui, sans façon, se trouve aux cérémonies de l'église, aux repas de frairie, à côté des vicaires, souffrant patiemment toutes les plaisanteries qui ne l'empêchent point de manger (1).

Le luxe, nous l'avons dit, était banni de la table du curé de Batilly, qui ne se montrait généreux qu'à l'égard des pauvres et prodigue qu'envers ses amis. Sa charité était d'autant plus méritoire que sa dîme, proportionnée à l'étendue de sa paroisse, était d'un maigre produit. En 1790, il compta 845 livres de recette, et 415 livres de dépense, suivant l'état qu'il produisit au district, pour la fixation de son traitement.

63 boisseaux de blé, dont plusieurs nuillés, valant..	342 liv.	170	
21 boisseaux de méteil............................	92 —		
4 boisseaux et demi d'orge	40 —	13	
4 boisseaux d'orge mêlée d'avoine	12 —		
27 rasières d'avoine, grosse et menue............	61 —	13	
2 rasières et demie de pois gris.................	7 —	12	
22 boisseaux de poires à 30 s...................	33 —		
25 boisseaux de pommes à 30....................	43 —	10	
88 livres de chanvre, à 7 s....................	19 —	1	
2 agneaux...................	3 —		
21 agneaux dont la dîme se paie à 2 s. 6 d.........	2 —	12	
567 gerbes de paille de blé...................	87 —	12	
311 gerbes de paille d'orge et d'avoine..........	36 —		
120 gerbes de paille de seigle ou méteil.........	17 —		
Foin de la Queue..........................	36 —		
61 bottes de pesas	4 —	5	

Voici le chapitre de la dépense :

Trois hommes d'août, à 23 livres.................	69 liv.
Nourriture des dits hommes.....................	60 —
Nourriture et payement de la cuisinière..........	20 —
Nourriture d'un cheval pendant un mois, pour cueillir les dîmes..................................	50 —
Un autre cheval d'aide pendant quinze jours et payement...................................	22 —
Aux deux hommes qui ont cueilli les menues dîmes et battu la grange............................	95 —
Breiage du chanvre	6 —
Vingtièmes..................................	33 —
Taille et suite	69 —
Total de la dépense.............	415 liv.

(1) GAUTIER, curé de la Lande-de-Goult. *Essai sur les mœurs champêtres.* A Londres (Alençon, chez Malassis), M.DCCLXXXVII, petit in-8°, p. 27-28.

Ce compte, présenté le 8 avril 1791, fut approuvé par le maire et les officiers municipaux de Batilly, qui le certifièrent juste et raisonnable.

Mais ce curé populaire, d'humeur facile, se montra plein d'énergie lorsqu'il vit les principes catholiques compromis par la loi sur la Constitution civile du clergé, décrétée par l'Assemblée nationale. Le dimanche 6 février 1791, à l'issue de la grand'-messe, la municipalité se transporta en corps à la porte du chœur et l'invita à prêter le serment civique, ordonné par le décret de l'Assemblée nationale du 27 novembre précédent, sanctionné par le Roi le 26 décembre. L'abbé Fresnais fit défaut, pour marquer son refus. Le dimanche 20 février, la municipalité réitéra la même invitation, à la porte du chœur de l'église, en présence de tous les fidèles. L'abbé Fresnais leur lut et leur remit la déclaration suivante :

Je soussigné, prêtre, curé de Saint-Martin de Batilly, département de l'Orne, originaire de la ville d'Alençon, district de Saint-Léonard, promets et jure de demeurer toujours et inviolablement attaché à la chaire de Pierre, et à la sainte Eglise romaine, d'obéir à toutes les décisions, en matière de foi et de discipline, du chef visible de l'Eglise, et uni au corps des premiers pasteurs, reconnaissant en l'un la primauté non seulement d'honneur, mais encore de juridiction qu'il tient de Jésus-Christ même, tant sur les fidèles que sur les évêques, successeurs des autres apôtres ; dans les seconds, leur supériorité réelle et fondée sur l'Evangile et les saints Conciles sur le troupeau et les pasteurs du second ordre, qui leur ont été confiés par l'Eglise, l'obligation d'obéir à mon évêque et à ses successeurs, canoniquement élus et non à d'autre en ce qui concerne la religion ; d'être soumis au Roy, comme tenant sa puissance temporelle de Dieu, d'être fidèle à la Nation, veiller avec soin sur son troupeau, dont la divine Providence m'a chargé, et de ne lui refuser jamais les secours spirituels que je lui dois, conformément à mon institution sanctionnée, acceptée librement par le Roy, en tout ce qui sera compatible avec la religion catholique, apostolique et romaine, et conforme aux saints canons et à la discipline ecclésiastique, approuvant tous changements que l'Eglise jugerait à propos de faire et m'y soumettant de bon cœur.

A Batilly, ce vingt février mil sept cent quatre-vingt-onze.

J.-L. Fresnais, curé de Batilly.

Invité par le maire, Pierre Legros, à prêter le serment exigé par la loi qu'il avait refusé, l'abbé Fresnais répondit qu'il s'en tenait à la déclaration qu'il venait de faire et de jurer et d'obéir à la Constitution I (1).

(1) Ces mots manquent dans la copie.

La municipalité en dressa un procès-verbal qui fut transmis au Directoire du district d'Argentan. L'abbé Fresnais fut, en conséquence, déclaré non acceptant. Le dernier acte signé de sa main, dans les registres de Batilly, est du 12 janvier 1792. Il fut compris dans la liste générale des prêtres déportés ou reclus, arrêtée le 26 juin 1793 et dans une autre liste générale arrêtée le 8 pluviôse suivant. Les 36 perches de terre, enclos et jardin, avec maison et four dont il jouissait à Batilly, plus la maison et quelques vergées de terre qu'il possédait à titre personnel, à Sevray, estimées à 185 livres de revenus, furent déclarées séques-trées (1). Par bonheur pour lui, ces deux petites propriétés ne furent pas vendues et il les retrouva intactes après la Révolution.

Il ne rentra en France qu'en vertu du Concordat. Dans une liste officielle de prêtres insermentés ou rétractés, dressée à cette époque, on lui fit la grâce d'un certificat de bonnes vie et mœurs, mais on ajouta qu'il était d'une humeur libre et d'un esprit peu soumis.

Quant à la paroisse, elle resta dépourvue de curé depuis 1791.

M. Guillaume Lejeune, curé de Bernay, dut remplir au moins pendant quelque temps les fonctions du ministère à Batilly. Il y fit une inhumation dans le cours de l'année 1792. Il fut même d'abord nommé curé des trois paroisses de Batilly, Treize-Saints et Bernay, d'après le tableau arrêté par le Préfet le 19 frimaire an XI (10 novembre 1802). Cependant il paraît que dès le 18 octobre précédent, M. Fresnais avait reparu à Batilly et y avait signé un acte, mais en prenant seulement la qualité d'ancien curé (2). Il ne tarda pas toutefois à reprendre possession de son ancienne résidence, mais en attendant que le local fût libre, il fut heureux de pouvoir se loger provisoirement dans la petite maison qu'il possédait à Sevray.

A peine installé, il dut faire intervenir le sous-préfet, M. Bouffey, pour forcer le maire à évacuer la cave du presby-tère, qu'il occupait. « Je suis, lui écrit-il le 15 février, an XIII, dans l'impossibilité de loger mes boissons, et obligé d'aller en chercher de maison en maison lorsque j'en ai à Sevray. »

(1) *Archives de l'Orne*, série Q. État général des ecclésiastiques ci-devant séculiers ou réguliers, déportés ou reclus, n°° 26, 150 et 176.
(2) Renseignements communiqués par M. l'abbé Chesnel, curé de Batilly.

Le maire, P. Moyer, paraît lui en avoir gardé rancune, car, en 1807, il lança contre lui une dénonciation en six articles. Rappelant qu'il avait été déporté, il le représenta comme un brandon de discorde, comme un fanatique, se livrant en chaire à des attaques contre les acquéreurs de biens nationaux, etc. L'abbé Fresnais n'eut pas de mal à se disculper. Il lui aurait suffi, pour faire connaître son véritable caractère, de produire le *Voyage de Batilly*, dans lequel il est peint d'après nature, sous des couleurs toutes différentes. Tout semble indiquer que ce poème oublié fut alors tiré, fort à propos, de l'armoire où il sommeillait, et qu'il en fut fait des copies qui eurent un vrai succès. Ce qui est certain c'est que celle qu'on nous a communiquée porte en marge la date de 1816. En tout cas, l'abbé Fresnais semble avoir eu raison des attaques injustes du maire, car c'est ce dernier qui fut remplacé, le 28 décembre 1807, par Louis Pihorel, probablement à la satisfaction des habitants, amis de la paix.

L'abbé Fresnais fut curé de Batilly jusqu'en 1819, et fut remplacé par l'abbé Le Têtu de la Motte (François) qui, promu au sacerdoce le 5 juin de cette année, fut nommé curé de Batilly, le 15 novembre suivant.

Malheureusement tout était changé à Batilly, comme à Treize-Saints et à Bernay, depuis les mauvais jours de la Révolution. Réunies légalement, les trois paroisses étaient profondément divisées, chacune aspirant à avoir la suprématie sur les autres. Les édifices du culte et le mobilier de la fabrique n'étaient guère en meilleur état à Batilly qu'à Treize-Saints. Plus même d'ornements sacerdotaux ni de vases sacrés. Le calice avec lequel il avait célébré le saint sacrifice durant les jours de l'exil et de la persécution fut le seul avec lequel il put dire la messe. Pour se loger, le presbytère étant inhabitable, il dut s'installer dans la petite maison humide, située au bas du jardin qui borde le chemin de Batilly à la route de Briouze. Cependant l'âge de la vieillesse était venu et avec elle les infirmités s'étaient aggravées. Malade et découragé, le pauvre curé songeait à se retirer à Alençon, lorsque Mme Le Seigneur eut l'heureuse inspiration de lui offrir l'hospitalité dans l'ancien presbytère de Bernay, aliéné depuis la Révolution. On était au mois de décembre 1816. Lorsque la nouvelle de cette détermination, motivée par l'insalubrité du local qu'il occupait, fut annoncée en chaire par M. Fresnais, elle produisit une fâcheuse impression. Les habitants de Batilly durent alors regretter de n'avoir pas fait à temps les sacrifices nécessaires pour conserver près d'eux un curé qui avait été leur bienfaiteur. C'est dans l'ancien presbytère de Bernay, au village des Vignes, que M. Fresnais finit ses jours, le 15 septembre 1819. Il fut inhumé dans le cimetière de Bernay, au pied de la croix qu'il avait si courageusement défendue pendant la persécution. Il est regrettable qu'aucun monument ne rappelle le nom de ce vénérable confesseur de la foi.

Puissent ces quelques pages contribuer à conserver, dans son ancienne paroisse, aujourd'hui transformée et dotée d'une belle église ogivale, placée au centre des trois sections rivales de Batilly, Treize-Saints et Bernay, comme un signe de paix et d'union, la mémoire de ses vertus sacerdotales, de ses qualités aimables et de sa charité.

Louis DUVAL.

CONTRAT DE MARIAGE
DE GUYON LE VERRIER ET DE CATHERINE MALLART

23 avril 1524

Au traicté de mariage d'entre Guyon Le Verrier, escuyer, sieur du Champ de la Pierre, d'une part, et damoiselle Katherine Mallart, par cy devant veufve de deffunct Robert Desbuaz, en son vyvant escuyer, sieur de Causaizeville et de Trezesains, son premier mary, et de Richard de Garencières, escuyer, sieur de la   d'autre, pourveu que ledit mariage soit parfaict en face de la Sainte Eglise, que ladite damoiselle veufve en ratiffiant loue et approuve le traicté et accord qui faict avoit esté, le ıxᵐᵉ jour de may l'an mil vᶜ xxɪɪɪ, par entre moy ledit Le Verrier, pour moy et estably pour mes enffans, sieur propriétaire des sieuries de Causaizeville et de Trezesains, au droit de la succession de deffuncte Katherine Desbuaz, seur du dit deffunct Robert Desbuaz, d'une part, et le dit deffunct de Garencières, pour luy establissant et faisant fort pour icelle sa femme, d'autre part, touchant le douaire qui pour lors estoit demandé par le dit de Garencières, en nom de la dite damoyselle, sur les dites terres de Causaizeville et de Trezesains, aussi avoir emplette, au prix du Roy, de xxx livres tournois de rente pour ɪɪɪᶜ livres que le dit de Garencières, pour la dite damoyselle disoit avoir esté payez du nombre de cinq cens livres qui debvoient estre employez, en nom et ligne de la dite femme. Par lequel accord le dit Le Verrier, en nom de ses dits enffans et pour demourer iceulx enffans quittes du douaire que pouvoit prétendre la dite damoyselle sur la dite succession dudit Desbuaz et aussy des dits ɪɪɪᶜ livres tournois qu'il pretendoit estre employez en rente ou héritage, en nom et ligne de la dite damoyselle, et avoit promis et accordé, du temps de lors, payer la dite somme de vᶜ livres tournois unes foys payée, dedans Noël prochain de lors enssuivant de ung an, et que en cas de deffault estoit tenu payer en la ligne de la dite damoyselle, chacun an, cinquante livres tournois de rente racquitable, *totiens quotiens*, en payant les dits vᶜ livres tournois et arrérages escheuz, parce que s'il advenoit que le dit Le Verrier se remariast, il auroit rescompensation sur les dites terres de Causaizeville et de Trezesains des dits vᶜ livres tournois et autres moyens contenus en la sedulle dudit accord, laquelle sedulle la dite damoyselle a, par le présent accord, eue agréable et la promet tenir, a esté accordé entre eulx, en la faveur et moyen du dit mariage, les dits v^c livres tournois demeurer au dit Le Verrier, par le moyen qu'il emploira, en nom et ligne de la dite damoyselle et des enffans yssus d'elle et dudit Le Verrier, la somme de quatre cens livres tournois en rente ou héritage ; et en cas où emplettes n'en seront faites, icelluy Le Verrier ou ses hérityers de présent vivants, subjets aux dits douaires et emplettes, seront tenus payer à la dite damoyselle et enffans yssus d'elle et dudit Le Verrier ou autres hérityers de la dite damoyselle, desdits iiii^c livres tournois en faire comme desdits xl livres tournois de rente racquitable, à une ou deux foys, pour lesdits iiii^c livres toutes fois et quantes qu'il plaira audit Le Verrier ou ses hoirs. Et à ce tenir, nous le dit Le Verrier et ladite Katherine obligèrent leurs biens et héritages. Faict au lieu et manoir de Maheru, ès présences de nobles hommes Mre René Mallart, curé de Bonneval, Jehan Le Verrier, sieur de Crevecœur, Jehanne de Drosay, dame de Mahéru, mère de ladite Katherine, Charles Mallart, frère d'icelle Katherine, Guillaume d'Eschallou et Pierre Le Mansel, tesmoins. Et pour approbation de vérité, nous les dits Le Verrier et la dite Katherine, présens iceulx tesmoings, avons signé ce présent accord de nos signes cy après, le xxiiie jour d'avril après Pasques, l'an mil cinq cens vingt-quatre. Ainsy signé Le Verrier et Katherine Mallart, chacun un merc ou paraphe (1).

(1) *Arch. de l'Orne*, série E. — Famille Le Verrier.

LE VOYAGE DE BATILLY

Ennuyé d'être seul dans ma triste chaumière,
Sitôt que le soleil veut montrer sa lumière
Je me lève, et je pars, un dimanche matin.
C'étoit de fait un jour de fête Saint-Martin.
La chaleur, en chemin, qui m'accable et me tue,
Me contraignit toujours de marcher tête nue ;
Et, toujours lentement, d'un pas bien inégal,
J'arrivai cependant au bois de Vigneral.
Je m'assieds, l'heure sonne ; en écoutant la cloche,
J'atteinds, pour m'essuyer, mon mouchoir de ma poche.
A peine fus-je assis que j'entends une voix
Qui me parut hardie et qui crioit du bois :
« Où portes-tu tes pas, bonhomme à tête chauve ? »
J'étois directement sur la butte de Mauve.
Je me lève à l'instant et me rassis bientôt,
Ne pouvant deviner qui proféroit ces mots.
Mais cette même voix, que je crus voix de femme,
Recommence et me crie : « Où vas-tu, Chéradame ?
Parle donc et réponds. » Alors moi, bien surpris,
Pour la deuxième fois je me lève et lui dis,
Ayant de tout côté partout jeté la vue,
Le long de chaque haie et de chaque avenue :
« Nymphe ou qui que tu sois, qui gîtes dans ces lieux,
Qui formes des accents dans ces vieux chênes creux,
Que t'importe où je vais ? Toi, dis qui tu peux être.
Est-tu Pan ou Satyre, ou quelque dieu champêtre ?
Est-tu nymphe ou déesse ? As-tu reçu des dieux
Le droit de présider aux forêts de ces lieux ? »
« Je suis, reprit la voix, la nymphe Déiopée
Dont Junon est partout servie, accompagnée.
Je règne dans ces lieux. Je préside à ces bois
Et nulle autre que moi n'y peut faire des lois. »
A ces mots, je réponds : « Pardonnez-moi, déesse,
« Quoique l'heure s'avance et que le temps me presse
« Vous saurez où je vas : Je vas à Batilly,
« Je passe Treize-Saints, madame de Tilly. »

— « Tu vas à Batilly ? Ces lieux sont mes domaines
Et les nymphes, mes sœurs en sont les souveraines.
Je connois tous ces bois ; je connois tous ces lieux
Mesnilglaise, Bernay, Mesnil-Jean, les Authieux.
Là se font, tous les ans, nos grandes assemblées ;
Nos danses, tous les ans, y sont renouvelées.
Chez qui donc, Chéradame, as-tu dessein d'aller ?
Ta piété, mon fils, ne doit rien me cacher ;
Tu dois tout m'avouer, tout me dire sans craindre ;
D'ailleurs, me refusant, je saurai t'y contraindre. »
— Déesse, je repris, je veux vous obéir,
Puisqu'avec un mortel vous daignez discourir ;
Et, puisqu'en discourant, seule vous êtes cause
Que je me rafraîchis et que je me repose,
Je vas chez le curé. » — « Quoi ! chez le sieur Fresnais,
Connu de Renne à Brest, de Toulon à Calais ? »
— Oui, je vas droit chez lui. » — « Poursuis toujours, dit-elle,
Et peins-moi tout d'abord sa bonté naturelle ;
Dis s'il est d'un bon cœur, s il est franc, généreux,
S'il fait à ceux qu'il voit un accueil amoureux,
S'il a de la gaîté, s'il est riant à table,
Si c'est un homme, enfin, aux pauvres charitable ;.
Et pour ne pas, mon fils, t'arrêter trop ici,
Touche-moi ses vertus, du moins en raccourci. »
A ces mots je réponds : « Le clair flambeau du monde
Deux fois se lèveroit, deux fois iroit dans l'onde,
Deux jours s'écouleroient sans que mon faible esprit
Pût de tous ses talents faire un juste récit ;
Mais je veux, par respect et par obéissance,
Vous dire en abrégé ce dont j'ai connaissance.
Le sieur Fresnais est, dis-je, un homme tout de cœur,
Ouvert, franc, généreux, toujours de bonne humeur ;
Surtout ce qui plaît bien, ce qui fait qu'on l'admire,
Ses discours sont lardés de quelques mots pour rire.
Il n'est point scrupuleux, sans excès de boisson
Il dira le premier son couplet de chanson.
Pour traiter ses amis, il est incomparable ;
Il a toujours aussi de quoi mettre sur table ;
Il a canards, poulets, grands, jeunes et petits,
Aille qui veut chez lui, jamais n'en est surpris.
D'ailleurs, un beau jardin, qu'avec soin il cultive,
Enclos, à double rang, de plante jeune et vive,
Produit en abondance oignons, choux et poireaux,
Asperges et melons, pois, fèves, artichaux.
A ceux qui le vont voir, il prend un soin extrême
De donner du plaisir et d'en prendre lui-même.
Il est si prompt, si vif, si plein de mouvement,

Que tout est fait, est cuit, est prêt dans un moment.
Les plats qu'on doit servir lui-même les arrange.
Lui-même, bien souvent, servira ce qu'on mange. »
« Ton récit », dit la nymphe, « est fidèle en tout point ;
Mais de sa charité tu ne me parles point ? »
« Déesse », je lui dis, « il est si charitable
Que cela l'a rendu partout recommandable.
Oui, sa main libérale, attentive aux besoins
De ceux dont la conduite est soumise à ses soins
Donne indifféramment, ne refuse personne
Et sa gauche ne sait ce que sa droite donne.
De la veuve affligée il est l'unique appui,
Et le triste orphelin retrouve un père en lui.
J'ai vu moi-même, un jour, chose assez surprenante
Et de sa charité preuve bien convaincante,
Quatre femmes sortir, emportant de chez lui
Chacune un plat de soupe, à l'heure de midi.
Quel autre de son pot eût prodigué la graisse,
Un dimanche surtout, dites-le-moi, déesse ?
Et quel autre homme enfin eût suivi sa façon,
Eût si bien su régir les pauvres d'Alençon ?
Ce Carême dernier, sans donner de cassades,
Chez lui le pot bouilloit en faveur des malades,
Son boucher fournissoit de la viande à foison ;
Le monde, jour et nuit, emplissoit sa maison
Bientôt, par un effet qui le surprit lui-même,
Et dont il s'aperçut dès la fin du Carême,
Il vit que son troupeau, si tendrement chéri,
Se trouva, par ses soins, entièrement guéri,
Sans qu'aucun médecin éprouvât sur personne
Les remèdes douteux qu'à tout hasard il donne.
Heureux, cent fois heureux, ceux qui lui sont soumis,
Qui sont de lui connus et qui sont ses amis. »
— « As-tu dans ton canton, répartit la déesse,
Quelqu'un qui, comme lui, pour les pauvres s'empresse ?
Y connois-tu quelqu'un qui, pour les soulager
Leur donne librement ce qu'il devroit manger ? »
« Hélas ! que j'en connois », répondis-je, « de riches,
Ce sont directement les plus durs, les plus chiches.
J'en connois un, surtout, ce rustaud, ce caffard
Croit leur donner beaucoup quand il donne un liard.
S'il leur donne du pain, quel pain ! c'est du pain d'orge,
Dont le son tout entier leur écorche la gorge ;
Chaque morceau qu'il donne est toujours si petit
Qu'un pauvre, en le mangeant, en perd peu d'appétit. »
Le déesse sourit et me dit : « Chéradame,
Un tel homme devroit être mis à la rame

Et chassé du timon. Moi, dit-elle, d'ici,
Je sais quelle raison le fait agir ainsi.
Tu la sens bien toi-même : un pauvre il le rejette
Et l'amitié des grands, il la brigue, il l'achète.
Pourquoi, me diras-tu ? C'est que morceaux friands
Sont ordinairement sur la table des grands.
Le pauvre n'aura rien. Va, ce n'est pas merveille :
Un riche le régale, il lui rend la pareille ;
Oui, si quelqu'opulent le régale à son jour,
Il épargne pour mieux le traiter à son tour. »
La nymphe, là-dessus, n'en dit pas davantage.
Moi, brûlant du désir d'achever mon voyage
Je me lève, et, voyant que l'ombre de mon corps
Alloit bientôt répondre à l'étoile du Nord
Je partois ; mais la voix aussitôt recommence :
« Mon fils, tu vas marcher, dit-elle, avec aisance
          Sans peine, sans difficulté,
          Avec plus de célérité,
Si tu reviens t'asseoir pour m'écouter encore.
Mais aussi si tu pars, mon fils, je le déplore
Car je te fais goûter, n'en doute nullement,
Le déplaisir amer d'un long retardement. »
Quoique pour m'en aller, j'eusse repris la route,
J'obéis. Je reviens, je m'assis, je l'écoute.
— « Monsieur Fresnais, dit-elle, étant si renommé,
Si digne d'être vu, si digne d'être aimé,
Aime-le donc, mon fils, célèbre ses louanges,
Et fais en son honneur d'agréables mélanges
De voix et d'instruments. Il est même permis
Pour mieux chanter son nom, d'assembler les amis.
— Je l'aimerai, repris-je, et lui serai fidèle
Autant que le ciseau de la Parque cruelle
Passera sans couper la trame de mes jours.
Oui, jusqu'à mon trépas, je l'aimerai toujours.
Je chanterai son nom en été, dans la plaine,
Dans ma chambre en hiver, buvant à tasse pleine.
Flore peignant nos prés de diverses couleurs
Et le zéphyr en joie folâtrant sur les fleurs.
Je le chanterai tant, qu'à travers la bruyère
On verra les agneaux bondir, laissant leur mère.
Je le chanterai tant que les bêtes à laine
D'aise, en feront des bonds épars parmi la plaine.
Blotti dans ces halliers, je mêlerai ma voix
Au doux gazouillement des habitants des bois.
Touchés de nos concerts, le berger, la bergère,
Le chanteront aussi sur la verte fougère,
          " Dans nos vallons, sur nos coteaux,

En gardant leurs tendres agneaux.
Pour faire dans nos prés de longues promenades
Et danser sur le bord des eaux.
En foule, on verra les Nayades
Sortir de l'onde et des roseaux.
Je me lève à ces mots. Je quitte la déesse,
Je reprends mon chemin, je marche avec vitesse.
Et, passant Treize-Saints, Madame de Tilly,
Dans demie heure au plus j'arrive à Batilly.

BIBLIOTHÈQUE ... DON ... PARIS

www.ingramcontent.com/pod-product-compliance
Lightning Source LLC
LaVergne TN
LVHW010330030726
842520LV00004B/1370